ROSEN-Porträts

Rosen-Zeitung.

Organ des Vereins deutscher Rosenfreunde.

Herausgegeben von dem Vorstande des Vereins.

Redigirt von **C. P. Strassheim**, Schriftführer,

Sachsenhausen-Frankfurt a. M.

Verlag der Jaeger'schen Buch- und Landkarten-Handlung,

Frankfurt a. M.

Druck von Gebr. Fey, Frankfurt a. M.

ROSEN

Porträts

Die schönsten Farbtafeln aus der
„Rosen-Zeitung“ 1886–1921

Herausgeberin und Autorin der Texte:
Anny Jacob

MANU SCRIPTUM.

Die Farbtafeln dieses Bandes sind Nachdrucke von Originalen aus den Jahrgängen 1886–1921 der „Rosen-Zeitung", Organ des Vereins deutscher Rosenfreunde. Die als Vorlage verwendeten Exemplare stammen aus dem Archiv von Frau Anny Jacob, Marl.

Einbandmotiv: nach dem Deckblatt zum Jahresinhaltsverzeichnis des Jahrgangs 34 (1919)
Frontispiz: Deckblatt zum Jahresinhaltsverzeichnis des Jahrgangs 1 (1886)

ISBN 3-933497-11-6

2. Auflage 1999

Inhalt

Vorwort

Mit den „Rosen-Porträts“ übergibt die Manuscriptum Verlagsbuchhandlung allen Rosenfreunden ein Präsent ganz besonderer Art. Erstmals wird in Buchform eine repräsentative Auswahl der schönsten Sortentafeln vorgelegt, die zwischen 1886 und 1921 in der „Rosen-Zeitung“, dem inzwischen äußerst selten und damit sehr schwer zugänglich gewordenen Verbandsorgan des Vereins Deutscher Rosenfreunde, erschienen sind. Jener Zeitraum war züchterisch hochinteressant und produktiv. In ihm begann die wirklich tiefgründige wissenschaftliche Beschäftigung mit der Rosenzüchtung, waren zahlreiche noch heute bekannte Berufs- und Hobbyzüchter am Werke, vergrößerte sich die Zahl der Rosenliebhaber enorm und entstanden zahlreiche Sorten, die zum einen viel vom Charme Alter Rosen bewahrten und zum anderen Ausgangspunkt weiterer Züchtungen wurden oder heute noch als „Klassiker“ erhalten sind. Daß eine solche Entwicklung eines Vereins und einer Zeitschrift bedurfte, die die umfangreichen Aktivitäten koordinierten, die Rosenfreunde informierten und orientierten, war nur folgerichtig.

Daß wir uns heute an solch prachtvollen Farbtafeln erfreuen können, wie sie die „Rosen-Zeitung“ von ihrem 1. Jahrgang an regelmäßig brachte, verdanken wir ganz wesentlich *der* Rosenmalerin jener Zeit schlechthin, Lina Schmidt-Michel, die das Gesicht der Zeitschrift über Jahrzehnte mitprägte. Ihr soll deshalb die erste der folgenden Studien gewidmet sein.

Daß uns viele der Sorten, die in diesem Band vorgestellt werden, erhalten geblieben sind, ist in hohem Maße das Verdienst des als Vereinsrosarium gegründeten heutigen Europa-Rosariums Sangerhausen, mit über 6.500 Sorten und Arten der bedeutendste Rosengarten der Welt. Es ist in den fast hundert Jahren seines Bestehens – oft genug unter schwierigsten Bedingungen – stets seiner Verantwortung gerecht geworden, gegenständliches Gedächtnis und Gewissen der Rosenzüchtung zu sein und gleichermaßen Neues zu fördern. Ihm ist deshalb die zweite Studie gewidmet.

All denen, die mit den Grundlagen des Rosenzüchtens und der Sortenkunde noch weniger vertraut sind, möchte ich einige der wichtigsten Fachbegriffe erläutern und abschließend die Rosenklassen vorstellen, die in diesem Band vorkommen. Die Auswahlbibliographie und das Verzeichnis wichtiger Rosengärten und Rosarien sollen als nützliche Hilfsmittel dienen.

Rosen auf Farbtafeln wie im vorliegenden Band betrachten zu können ist etwas Wunderschönes. Unvergleichlich aber ist das Erleben des Werdens und Vergehens und des unbeschreiblichen Duftes der Rosenblüte in der Natur. Wir haben deshalb bewußt in unsere Auswahl viele Sorten aufgenommen, die noch heute in Sangerhausen bewundert werden können und im Handel erhältlich sind, und dies auch für die betreffenden Sorten vermerkt.

Der Manuscriptum Verlagsbuchhandlung und Herrn Jochen Hoof bin ich sehr dankbar, daß sie die Herausgabe der über Jahrzehnte fast vergessenen Sortenfarbtafeln in einer solch gediegenen Ausstattung ermöglicht haben; dem Lektor, Herrn Dr. Wolfgang Zähle, bin ich für die intensive und anregende Zusammenarbeit verbunden.

Möge unser Buch den Lesern so viel Freude bereiten wie allen, die daran mitgearbeitet haben.

Marl, im Rosensommer 1997
Anny Jacob

Einführung

DIE ROSENMALERIN. Im Jahre 1883 gründeten Rosenkultivateure und -liebhaber den Verein Deutscher Rosenfreunde, der bis zum Ende des Zweiten Weltkrieges bestand und danach 1959 in Hamburg neu begründet wurde. Er hat gegenwärtig über 8.000 Mitglieder und ist als VDR bekannt. Er gibt heute ein Rosenjahrbuch und vierteljährlich die Zeitschrift „Der Rosenbogen" heraus.

Schon kurz nach Gründung des VDR war 1886 die vereinseigene „Rosen-Zeitung" ins Leben gerufen worden, die mit jährlich sechs Heften von insgesamt 100 bis 140 Seiten erschien. Jedes Heft begann mit der Farbtafel eines Rosenporträts, das speziell für die Rosenzeitung gemalt wurde, zumeist als Aquarell, das dann in einem technisch äußerst aufwendigen und schwierigen Verfahren, dem Chromolithographieren, für den Druck vorbereitet wurde. Das Ergebnis waren in der Regel Bilder von einer auch für heutige Verhältnisse ganz erstaunlichen Qualität. Die meist zarte, verhaltene Farbigkeit der damaligen Rosensorten konnte kaum besser wiedergegeben werden. Ein erläuternder Text stellte die Sorte vor. Für die Jahrgänge 1886 bis 1920 gab es rote oder grüne Einbanddecken, mit reichem Golddruck und Schmuckwerk verziert. Die Deckblätter der Jahresinhaltsverzeichnisse zeigten wunderschöne Motive, die den Geist der Zeit trefflich spiegelten.

Es war für die Zeitschrift – und ist für uns heute – ein großes Glück, daß der erste Redakteur der „Rosen-Zeitung", Conrad Peter Strassheim, die junge Frankfurterin Lina Michel fand, die so hübsch Blumen malte. Er förderte sie, und wenn die Rosen blühten, reiste sie nach Steinfurth in der Wetterau, wo sie die Neuheiten aus der Rosenschule der Gebrüder Schultheis malte, oder auch nach Luxemburg, um die neuesten Züchtungen von Soupert et Notting zu porträtieren. Oft war sie auch bei dem jungen Rosenzüchter Peter Lambert als malender Gast in Trier. Lina Michel, verheiratete Schmidt, hat von 1890 bis 1911, als Lambert Redakteur der „Rosen-Zeitung" war, fast alle Rosenbilder gemalt. Für ihn schuf sie auch eine reizvolle Postkarte, die zum Motiv seine erfolgreiche Züchtung 'Kaiserin Auguste Viktoria' hatte, verbunden mit seiner Rosenschule und seinem Heim in St. Marien. Zur Eröffnung des Rosariums Sangerhausen im Jahre 1903 gestaltete sie eine Grußkarte mit dem Plan des Rosariums und der Namenrose der deutschen Kaiserin, die Protektorin des VDR war.

In den Jahren von 1886 bis 1921 wurden in der „Rosen-Zeitung" etwa 200 farbige Rosenbilder gedruckt, die meisten nach Originalen von Lina Schmidt-Michel. Die Rosenzüchter und -verbreiter spendeten nicht nur die Originale der Rosenbilder, sondern trugen meist auch die Kosten für das Lithographieren, die unmittelbare Vorbereitung für den Farbdruck in der „Rosen-Zeitung". Natürlich waren die Zeitschrift und speziell ihre repräsentativen Farbtafeln auch ein ideales Mittel der Werbung und Selbstdarstellung; dennoch, das Engagement der Rosenkultivateure war beispielhaft. Ab 1910 wurde schon vereinzelt mit Farbfotos gearbeitet. 1921 war der letzte Jahrgang mit gemalten Rosenporträts. Nachkriegszeit und die sich ankündigende Inflation stürzten den VDR in eine schwere Existenzkrise; das Papier der immer dünner werdenden Rosenzeitung wurde noch schlechter. Um wenigstens zu etwas Geld zu kommen, wurden die Farbbilder früherer Jahrgänge der Zeitschrift für 30 Pfennig pro Stück verkauft, und – wir wissen es aus dem Jahrgang 1921 – es gab sogar noch Mengenrabatt darauf. Jetzt war es recht preiswert, der Empfehlung eines Heftes der „Rosen-Zeitung" vor der Jahrhundertwende zu folgen und einen ganzen Wandschirm mit den schönsten Bildern zu verzieren.

Wir wissen trotz eifriger Nachforschung nichts über den Lebensweg von Lina Schmidt-Michel. Auch nur ein einziges Original der Künstlerin ist bekannt. Es ist ein Pastell der Remontant-Hybride 'Regierungsrat Stockert', einer Züchtung von Soupert et Notting. Das hundertjährige Bild ist farbfrisch und wunderschön.

Peter Lambert hat der Malerin 1906 eine seiner Züchtungen gewidmet. Sie blüht heute noch im Rosarium Sangerhausen zur Freude der Besucher, doch die wenigsten kennen ihre Geschichte. Gewiß hat die Künstlerin ihre Rose auch gemalt – wo mögen die Bilder sein? Wir fanden nur eine Zuschrift von ihr. Der Rosargärtner von Sangerhausen, Richard Vogel, hatte 1911 im Heft 3 der „Rosen-Zeitung" die nach Lina Schmidt-Michel benannte rankende Teehybride vorgestellt und besonders das gesunde, kräftige Laub und die großen, langen, spitzen Knospen hervorgehoben. Im darauffolgenden Heft erschien die Zuschrift der Namensgeberin, die viel von ihrem feinsinnigen Verhältnis zu den geliebten Rosen verriet:

„Es war der Unterzeichnenden eine rechte Freude, in der letzten Nummer einmal wieder etwas von ihrer Namenrose zu hören, die sie bereits vergessen glaubte. Es wäre wirklich schade, wenn diese Rose zu den vielen Sorten gehören sollte, die rasch wieder vom Schauplatz verschwinden; sie verdient ein besseres Geschick.

Als ich im Sommer 1907 im Rosengarten des Herrn P. Lambert zu Trier Blumen malte, fiel mir ein Rosengebüsch auf, das mit unzähligen zartrosa Blumen bedeckt war, die in Form, Farbe und Haltung außergewöhnlich anmutig wirkten. Ein einziger Stengel mit seinen vielen großen Blüten, reizenden Knospen und dem schönen Blattwerk genügte als Füllung einer großen Vase. Auf meine Frage nach dem Namen der malerisch schönen Rose sagte mir Herr Lambert, daß sie noch keinen Namen hätte, aber wenn mir der Strauch so gut gefalle, so sollte die Rose meinen Namen tragen. Als ich nun noch von den weiteren guten Eigenschaften dieser Lambertschen Züchtung hörte, nahm ich das liebenswürdige Anerbieten natürlich mit Freuden an.

Leider scheint meine reizende Namenrose wenig bekannt zu sein, und doch wie schön und dankbar ist diese Rose! Ein Strauch auf einem Rasenplatz in voller Blüte wirkt wie ein Bild, und die einzelne Blüte hat etwas Feenhaftes in ihrer duftigen Zartheit.

Seit einem Vierteljahrhundert male und studiere ich Rosen. Ich würde mir als Namenrose nur etwas so Schönes wie diese Rose erwählt haben und möchte ihr darum meine beste Empfehlung mitgeben."

Professor Ewald Gnau, verstorben 1944, hatte die Farbbilder der „Rosen-Zeitung" gesammelt. Seine Tochter Gela Tepelmann schenkte mir 1973 eine inkomplette Serie, aus der Verlag und Autorin gemeinsam 72 Tafeln auswählten, die in Originalgröße wiedergegeben werden und auf denen 99 Rosensorten und -arten dargestellt sind.

Im „Rosenbogen" des Jahrgangs 1975 waren einige der von Lina Schmidt-Michel gemalten Rosentafeln verkleinert abgedruckt. In dem Band „The Old Rose Adviser" von Brent C. Dickerson sind ebenfalls einige ihrer Rosenbilder in kleinerem Format enthalten, die einst im „Journal des Roses" erschienen waren.

Unser Buch ist damit auch die erste wirklich umfassende Würdigung einer Malerin, die es in unvergleichlicher Weise verstand, die Dokumentation des botanisch Wesentlichen mit hohem ästhetischem Reiz zu verbinden. Bei aller Unterschiedlichkeit der Stilmittel kann man wohl sagen, daß Lina Schmidt-Michel für ihre Zeit und die „Rosen-Zeitung" das war, was die Schweizerin Lotte Günthart für die Zeit von 1954–1984 mit ihren Bildern für das „Rosenblatt" der Gesellschaft Schweizerischer Rosenfreunde vollendet verkörpert. Sie und ihr Mann, der Grafiker Willi Günthart, gaben dem Blatt sein edles, bibliophiles Gepräge.

Mit Recht schreibt der Amerikaner Dickerson: „Mögen sich die schönheitsliebenden Rosenfreunde auch Lina Schmidt-Michels erinnern, deren köstliche Bilder, wie ich meine, nicht nur den Zauber der Rosen, sondern auch den Geist der Zeit trefflich widerspiegeln."

*

DAS EUROPA-ROSARIUM SANGERHAUSEN. Ende des 19. Jahrhunderts verschwanden die einmalblühenden Alten Rosen aus den Katalogen der Rosenschulen und aus den Gärten, denn die öfterblühenden neuen Teehybriden und Polyanthen verdrängten sie zusehends. Man mußte einen Weg finden, um das bewährte Alte zu erhalten und das Neue zu fördern. Das vermochte nur ein Vereinsrosarium. Das frühzeitig erkannt und mit Nachdruck gefordert zu haben, war nur eines der großen Verdienste des Rosenzüchters Peter Lambert.

1898 wurde sein Antrag vom VDR gebilligt. Die Stadt Sangerhausen bot ein Gelände an, und der Rentier Albert Hoffmann stiftete ca. 1.000 Sorten seines Privat-Rosars. Er arbeitete zudem bis zu seinem Tode 1923 ehrenamtlich als Rosengärtner im Rosarium. Der Verschönerungsverein der Stadt und sein Vorsitzender, Studienprofessor Ewald Gnau, halfen tatkräftig beim Aufbau des Rosariums mit, das nach Plänen von Friedrich Dörr und Peter Lambert gestaltet wurde. Gnau war von Anfang an als Organisator, Spendensammler und „Mädchen für alles" aktiv. Nach seiner Pensionierung vom Schuldienst wurde er als Leiter des Rosariums angestellt. Richard Vogel, der vorher bei C. P. Strassheim in Frankfurt am Main tätig war, wurde bereits 1902 Obergärtner. Das zunächst sechs Morgen große Rosarium wurde im Juli 1903 feierlich eröffnet. Ganz Sangerhausen und die Teilnehmer des VDR-Rosenkongresses bewunderten die gelungene Anlage. Die große Wildrosensammlung von Dr. Dieck aus Zöschen kam in Form von Reisern, also Veredlungsmaterial, 1909 nach Sangerhausen. C. P. Strassheim hatte die kostbare Sammlung bei der Weltausstellung 1900 in Paris angepflanzt und danach Jules Gravereaux für „La Roseraie de L'Haÿ" gestiftet. Die in Sangerhausen geborene Deutschamerikanerin Auguste Vogel schenkte dem Verein 12 Morgen Land für die Erweiterung des Rosariums.

Trotz Arbeitskräftemangels überstand das Rosarium den Ersten Weltkrieg relativ gut, doch die Inflation brachte es – wie auch den VDR – an den Rand des Ruins. Professor Gnau, seit 1922 Leiter des Rosariums sowie Geschäftsführer des VDR, bettelte in der „Rosen-Zeitung", deren Redakteur er zudem war, wieder und wieder; er tat es gewiß nicht gern, aber es war notwendig, um überleben zu können. Als Richard Vogel 1927 in Pension ging und der Sohn Max als Nachfolger Obergärtner wurde, ging es schon wieder aufwärts. Das Sortiment nahm wieder zu, und die Rosenneuheiten wurden nunmehr in Sangerhausen geprüft. August Jäger (1876–1962), ein pensionierter Versicherungsbeamter mit guten Fremdsprachenkenntnissen, begann schon 1925 am Rosenlexikon, einer systematischen Erfassung und Beschreibung aller damals bekannten Rosensorten und wichtiger Wildrosen, zu arbeiten, indem er vor allem Spezialliteratur über Rosen, Rosenkataloge und das Sortiment des Rosariums selbst studierte. 1933 feierte die ganze Stadt das erste Rosenfest, doch Professor Gnau zog sich danach zurück, enttäuscht von den Bestrebungen des nationalsozialistischen Regimes.1935 war das Institutsgebäude für die Zentralstelle für Rosenforschung fertiggestellt, und der Naturwissenschaftler Dr. Harald v. Rathlef wurde der Leiter. Als er 1944 starb, hatte er schon viele Ergebnisse seiner Forschungsarbeit veröffentlicht. Das Rosarium war auf 5.000 Rosensorten und -arten angewachsen, konnte über die Kriegsjahre aber nur notdürftig unter der Leitung Max Vogels erhalten werden.

Das Ende des Zweiten Weltkrieges brachte Sangerhausen unersetzliche Verluste durch Reparationsleistungen an die UdSSR. Wer um 1970 das Rosarium des Moskauer Botanischen Gartens sah, wußte, woher die seltenen Rosen stammten. Die reichhaltige Fachbibliothek und das Forschungsmaterial blieben bis heute verschollen. Dazu gehörte auch die gesamte Rosenliteratur einschließlich des kostbaren Werkes „Les Roses" von Redouté, die C. P. Strassheim, der Bücher und Rosen mit gleicher Leidenschaft liebte, dem Rosarium vererbt hatte.

Ab 1949 verwaltete die Stadt Sangerhausen das Rosarium, und als Max Vogel 1949 gestorben war, wurde Gartenbauinspektor Hans Vonholdt zum Leiter ernannt.

Gärtnermeister Paul Täckelburg übernahm die Verantwortung für die Erhaltung und Registrierung des umfangreichen Rosensortiments. Er begann trotz der schwierigen Verhältnisse am ersten Rosenverzeichnis zu arbeiten. Dr. h. c. Kurt Wein, ein Botaniker, bestimmte in mühevoller Kleinarbeit das Wildrosensortiment neu. 1962 erschien schließlich das Rosenverzeichnis des Rosariums.

August Jäger erlebte noch, daß das Zentralantiquariat Leipzig sein Rosenlexikon herausgab. Er hatte die Bogen für 1.000 Exemplare mit der Hand gedruckt und es ursprünglich 1940 selbst herausbringen wollen. Es enthält ca. 17.000 Sortenbeschreibungen auf 768 Seiten. Für Rosenzüchter und Liebhaber Alter Rosen ist es unentbehrlich.

Nach fast zwei Jahrzehnten mühevoller Aufbauarbeit ging Hans Vonholdt 1976 in Pension. Unter seinem Nachfolger, Gartenbauarchitekt Ingomar Lang, begann die große Umgestaltung und Modernisierung des Rosariums. Hella Brumme, die bereits zehn Jahre als Assistentin P. Täckelburgs gearbeitet hatte, übernahm 1982 als wissenschaftliche Mitarbeiterin die Verantwortung für Führung und Erhaltung des Sortiments.

Nach der Wiedervereinigung Deutschlands wurden der Förderverein „Freunde des Rosariums Sangerhausen e. V." und die „VDR-Stiftung Europa-Rosarium Sangerhausen" gegründet.

Die Stadt Sangerhausen, das Land Sachsen-Anhalt und der Verein Deutscher Rosenfreunde sind sich einig, daß der Arten- und Sortenreichtum der einmaligen Rosensammlung erhalten bleiben muß und als Genbank genutzt werden soll. Hella Brumme und Peter Dietz arbeiten bereits an der Rosendatenbank.

Über 130.000 Besucher kommen jährlich nach Sangerhausen. Wissenschaftler, Botaniker und Rosenzüchter studieren die Sammlung von ca. 6.500 Rosensorten und -arten; Liebhaber spazieren durch den 12 ha großen, reizvoll angelegten, gepflegten Rosengarten und erfreuen sich an der Vielfalt ihrer Lieblingsblume, den seltenen Gehölzen, Stauden und Sommerblumen. Seit nunmehr einem Jahrhundert leisten Rosengärtner und einsatzfreudige Helfer mit selbstloser Unterstützung durch viele Rosenfreunde des In- und Auslandes ihre kaum hoch genug zu würdigende Arbeit, um dieses Kleinod, einen wichtigen Bestandteil des Kulturerbes der gesamten Menschheit, zu erhalten und auszugestalten. Auch unser Buch will dazu beitragen.

*

WICHTIGE FACHBEGRIFFE: Die folgenden Erläuterungen führen knapp in einige Fachbegriffe ein, die bei der nachfolgenden Darstellung der Rosenklassen und in den Sortenbeschreibungen zu den Farbtafeln eine wichtige Rolle spielen.

Wildrosen: In der Natur vorkommende Arten, die nur nördlich des Äquators heimisch sind. Von den ca. 130 bekannten Arten wurde höchstens ein Dutzend für die Züchtung benutzt.

Rosensorten: Bis heute sind ca. 25.000 Sorten bekannt. Sie werden in Klassen eingeteilt.

Wie neue Rosensorten entstehen:

Zufallssämlinge: Durch Insektenbestäubung fruchtet eine Rose. Der Gärtner sät die in der Hagebutte enthaltenen Nüßchen (Samen) aus. Er wählt aus den entstehenden Sämlingen die besten aus (Selektion). Von der Neuheit ist nur die Muttersorte bekannt. Eine bis zur Mitte des 19. Jahrhunderts geübte Praxis.

Mutation (lat. mutabilitas = Veränderlichkeit); im Gartenbau ***Sport*** (engl.) genannt;

Spontane Mutation: Ein Zweig eines Rosenstockes unterscheidet sich in einem oder mehreren Merkmalen von den übrigen, z. B. in Blütenform, -farbe oder Wuchshöhe. Die Veränderung muß nach der Vermehrung der Neuheit absolut konstant bleiben. Beispiel: gelbe *Rosa foetida* → rot-gelbe *Rosa foetida* 'Bicolor'.

Climbing-Sorten: Eine niedrige Beetsorte entwickelt meterlange Peitschentriebe; Laub und Blüten gleichen der Stammsorte. Beispiel: Beetrose 'Mlle Cécile Brunner' (40 cm) → Kletterrose Climbing 'Mlle Cécile Brunner' (bis zu 3 m).

Künstliche Mutation: Durch Radiumbestrahlung entstand z. B. aus der gelben 'Gloria Dei' die dunkelrote 'Permoser' mit gelber Mitte.

Rosenzüchtung: Wer Rosen zum Verkauf heranzieht, betreibt eine Rosenschule; in der Schweiz spricht man vom Rosenkultivateur. Wer Rosen als Hobby hegt und pflegt, ist ein Rosenfreund oder -liebhaber. Die leidenschaftlichen Rosenliebhaber nannte man früher Rosomanen.

Der Rosenzüchter wählt je nach Zuchtrichtung sorgfältig die Roseneltern aus, nachdem er die Stammbäume studiert hat. Er befruchtet künstlich die Mutterrose mit den Pollen der Vaterrose. Die in den reifen Hagebutten enthaltenen Nüßchen (Samen) sät er aus. Die besten Sämlinge veredelt er auf Wildlinge und erprobt sie jahrelang im Freiland. Nach strengster Auslese wird er nur einige von vielen zum Neuheitenwettbewerb in Bagatelle, Genf oder Baden-Baden schicken. Medaillengewinner haben gute Chancen für den Markt. Für Deutschland besonders geeignete Sorten werden in der Allgemeinen Deutschen Neuheitenprüfung als ADR-Rosen ausgezeichnet.

Große Betriebe praktizieren die Züchtung en masse; Hobbyzüchter – in unserem Band z. B. Dr. Müller, Dr. Krüger und R. Geschwind – hatten es immer schwer, ihre Neuheiten zu vermarkten. Sie mußten sie daher oft an größere Unternehmen verkaufen, die dann als Verbreiter fungierten.

Remontieren: Die alten europäischen Gartenrosen (bis etwa zum Jahre 1800) blühten fast alle an den Zweigen des Vorjahres und damit nur einmal im Juni. Nur *Rosa damascena* 'Semperflorens' und 'Portlandica' blühten im Herbst nach. Um 1760 wurde *Rosa chinensis* und um 1800 *Rosa × odorata* aus China eingeführt, wo sie seit Jahrhunderten als Gartenrosen existierten. Diese blühten am frischen Trieb mehrmals in der Vegetationsperiode. Viele ihrer Nachkommen erbten die hervorragende Eigenschaft des Öfterblühens in der Saison, des Remontierens (franz. remonter = neu beleben); daher auch die Klasse der Remontant-Hybriden.

Rosenklassen. Unser Band widmet sich ganz den Farbtafeln und den Kurzbeschreibungen der auf ihnen abgebildeten Sorten. Wir werden im folgenden deshalb nur auf die Klassen von Rosen eingehen, zu denen im Buch abgebildete Sorten gehören, und dies auch nur so weit, wie es für das Verständnis nötig erscheint.

Gallica-Rosen: Die einfachblühende, also ungefüllte, *Rosa gallica* ist in Europa heimisch und gehörte gewiß schon zu den Gartenrosen der Römer. Eine Abart der heimischen Wildrose, *Rosa gallica* var. *officinalis,* die Apothekerrose, wurde schon um 1300 als Heil- und Duftpflanze im französischen Provins angebaut. Daher wurden die Gallica-Rosen auch Provinsrosen genannt. *Rosa gallica* 'Conditorum', die ungarische Konditorrose, lieferte duftende Rosenblätter für die türkischen Süßspeisen. *Rosa gallica* 'Versicolor' ist ein weiß-rosa-rot gestreifter Sport, der schon 1583 erschien. Um 1806, als Salomon Pinhas die Rosen des Schloßparks Wilhelmshöhe malte – insgesamt 150 Sorten –, überwogen die Gallica-Rosen.

Gallica-Rosen sind anspruchslos, pflegeleicht, winterhart und langlebig, von aufrechtem Habitus und dichtem, dunklem, rauhem Laub; die Wuchshöhe erreicht 1,5 m. Sie eignen sich gut für naturnahe Gärten. Ihr Farbenspiel reicht von blaßrosa bis rotviolett, und die Rottöne verblauen sehr schön. Die in Büscheln blühenden Rosen blühen nur im Juni und duften vorzüglich. Die auffällig gestreiften und marmorierten Sorten hielten sich am längsten im Handelssortiment.

Rosa foetida: Früher *Rosa lutea* (die Gelbe), heute *Rosa foetida* (die Schlechtriechende) genannt. Sie blüht im Juni und hat an ihren braunroten Trieben graue Stacheln und kleines Laub. Die leuchtendgelben, 5 cm großen einfachen Blüten riechen nicht gut. Besonders die Mutation *Rosa foetida* 'Bicolor', deren Blütenblätter außen gelb und innen kräftig orangerot sind, ist zur Blütezeit ein auffallender Blickfang.

Foetida- oder Lutea-Hybriden: Die ersten Sorten sind aus Kreuzungen mit *Rosa foetida* 'Persiana' Ende des 19. Jahrhunderts entstanden. Joseph Pernet-Ducher aus Lyon war der erfolgreichste Züchter auf diesem Weg, daher hießen sie auch Pernetiana-Hybriden. Ihre leuchtendgelben bis korallenroten öfterblühenden Sorten waren beliebte Neuheiten. Für die frühen Züchtungen schreibt „Modern Roses 10", das internationale Rosenregister, die Bezeichnung *Foetida-Hybriden* vor, die aber nun schon mit der Klasse der *Teehybriden* vereint ist. Die Nomenklatur der Rosen ist seit Linné ein ewiges Verwirrspiel; daran hat auch die World Federation of Rose Societies bisher wenig zu ändern vermocht.

Chinensis-Rosen: Alle alten europäischen Wild- und Gartenrosen blühen an den im Vorjahr gebildeten Zweigen einmal in der Saison, nur *Rosa* × *damascena* 'Semperflorens' und 'Portlandica' brachten einen bescheidenen Herbstflor. Schon um 1700 beobachteten Europäer in chinesischen Hafenstädten öfterblühende Rosen, später auch in Singapur und Kalkutta. Da man glaubte, Chinensis-Rosen seien auch in Bengalen (Indien) heimisch, findet man heute noch die Bezeichnung „Bengalrosen".

1752 kam eine rosablühende Chinensis-Rose aus Kanton nach Schweden. Sie überlebte nur wenige Jahre in den Botanischen Gärten von Uppsala und Kew. 1781 brachte die Holländische Ostindien-Kompanie eine rosablühende Chinensis nach Haarlem und Leiden, die 1795 in England als 'Parsons' Pink China' in den Handel kam, wohl identisch mit 'Old Blush' von der ersten Einführung.

Die englische East India Company importierte 1791 aus dem Akklimatisationsgarten Kalkutta eine tiefrote Chinensis, die *Rosa chinensis* 'Semperflorens' (die Immerblühende) benannt wurde. In F. J. Bertuchs „Bilderbuch für Kinder" (Weimar 1804) wurden schon die neuen Rosen aus China – „Die dunkle und die blasse immerblühende Rose" – als handkolorierter Kupferstich vorgestellt. Der Verleger Bertuch kultivierte die kälteempfindlichen Neuheiten als Topfrosen im Zimmer und im Treibhaus.

Beide öfterblühenden Chinensis-Rosen brachten große Fortschritte in der Rosenzüchtung. Eine rosafarbige Chinensis gilt als Elternteil der 'Champneyana' und der Bourbonrosen. Durch *Rosa chinensis* 'Semperflorens' kamen tiefrote Farbtöne in die neuen Rosenklassen; vor 15 Jahren wurde sie auf Bermuda wiederentdeckt. 'Old Blush' hat sich akklimatisiert und übersteht die kontinentalen Winter in Sangerhausen und Kassel gut.

Zentifolien: Der lateinische Name bedeutet „die Hundertblättrigen"; der Volksmund nennt sie im Englischen „Cabbage Rose", die Kohlrose. Ihre kugeligen Blüten bestehen aus einer Fülle zarter, rundlicher, dicht übereinander liegender Blütenblätter. Die in Büscheln blühende Zentifolie schmückt die Bilder der holländischen Blumenmaler; daher wird sie auch „Rose des peintres" – „Malerrose" – genannt. Es deutet vieles darauf hin, daß diese reizvolle Rose in den Niederlanden entstand. Kaspar Bauhin sah 1595 eine *Rosa centifolia* in Pforzheim blühen, und man erzählte sich angeblich, sie sei aus dem griechischen Delphi. Es war aber wohl eher das holländische Delft gemeint. Der Botaniker Clusius gab ihr den Namen *Rosa batavica;* dies war der lateinische Name für die Niederlande. Der englische Botaniker Parkinson taufte sie 1629 in *Rosa provincialis sive Hollandica damascena* um. Damals hatten sich die nördlichen Provinzen zur Republik der Vereinigten Niederlande zusammengeschlossen. Der englische Gärtner Miller veränderte 1723 aus Unkenntnis die Bezeichnung *Rosa provincialis* in „Provence-Rosen", was zu vielen Verwechslungen und auch zu der Vermutung führte, sie seien im Süden Frankreichs entstanden.

Die frühen Zentifolien sind meist locker wachsende Sträucher, deren überhängende, bis 2 m lange Zweige von ovalem Laub bedeckt sind; eine winterharte, gesunde Klasse, die im Juni reich blüht und die Sonne liebt. Der Duft der weißen bis rosaroten Rosen ist köstlich. Keiner der Nachkommen ist vollkommener als die alte

Rosa centifolia; sie sind nur Variationen eines von der Natur geschaffenen Themas.

Teerosen: China ist die Heimat der edelsten und empfindlichsten Rosenklasse; seit Jahrhunderten wurde sie dort in den Gärten kultiviert und selektiert. Aus der heute noch bestehenden Fa-Ti-Gärtnerei in Kanton wurde die blaßrosa 'Odorata' 1802 nach England eingeführt und 1824 die hellgelbe 'Ochroleuca'. Teerosen sind die Aristokraten der Rosenwelt. Das schmale, glänzende Laub ziert die schlanken Zweige, aber verdeckt sie nicht. Die eleganten Knospen nicken leicht, und die zartgetönten Blütenblätter der großen Rosen sind hauchdünn. Den feinen Duft und die Anlage zur Dauerblüte vererbten sie ihren zahlreichen Nachkommen.

Bei der Pflanzung ist zu bedenken: keine stauende Nässe im Boden, keine Nachtfrostgefahr während der Vegetationsperiode; windgeschützter Standort und ausreichender Winterschutz mit Erde und Tannenreisig sind lebensnotwendig bei Kultur im freien Land. Ein Musterbeispiel ist die Sangerhausener Teerosen-Kollektion, die den „sibirischen" Winter 1996/1997 ohne Verluste überstand und Ende Juni gut blühte.

Teehybriden: Gezielte und erfolgreiche Kreuzungen gab es vor 1860 nicht. Es waren Zufallssämlinge, von denen man nur die Muttersorte kannte. Wenn der Sämling aber nicht die typischen Merkmale der Mutter zeigte, wurde er als Hybride klassifiziert, denn die Vaterrose kannte man ja nicht. So gab es schon vor 'La France' (1867), die als erste Teehybride gilt, andere Sorten, die solche Produkte waren. 'La France' kam als Remontant-Hybride in den Handel, denn die Klasse der Teehybriden wurde erst 1885 geschaffen. Der Engländer Bennett und Pernet-Ducher in Lyon begannen als erste, Teerosen mit Remontant-Hybriden zu kreuzen. Von den Teerosen sollten die Neuheiten das Öfterblühen und die elegante Blütenform erben und von den Remontant-Hybriden Wüchsigkeit, Winterhärte und Blütenreichtum. Mit 'Lady Mary Fitzwilliam' (Bennett 1883) und 'Mme Caroline Testout' (Pernet-Ducher 1890) war das Ziel erreicht. Beide Sorten wurden viel zur Züchtung benutzt; allein von 'Testout' gibt es 200 Nachkommen.

Die Teehybriden verdrängten nach 1920 die Teerosen und Remontant-Hybriden fast völlig vom Markt. Sie eigneten sich sowohl zur Beetbepflanzung als auch für den Schnittblumenmarkt, da sie große Mengen haltbarer Rosen produzierten. In den Katalogen werden Teehybriden auch heute noch als Edelrosen geführt.

Remontant-Hybriden: Der Hofgärtner Wilhelm Doll beschrieb 1855 die Klasse als „Hybride incertaine remontante", als nicht zuverlässig öfterblühende Hybriden. Die Portlandrose 'Rose du Roi' (1815) ist wahrscheinlich ein Zufallssämling von *Rosa chinensis* × 'Portlandica'. 'Gloire des Rosomanes' (1825) wurde von Plantier/Lyon in einer Pflanzung unterschiedlicher öfterblühender Hybriden entdeckt. Sie dürfen als Vorläufer der Remontant-Hybriden gelten, an deren Entstehung Damaszener-, Chinensis-Rosen sowie Bourbonrosen beteiligt sind. Der französische Züchter Laffay gab 1837 'Princesse Hélène' in den Handel, die als erste Remontant-Hybride gilt. 4.000 Sorten dieser Klasse sollen in den Handel gekommen sein; alle sind aufrechtwachsende Strauchrosen, die kräftigen Stiele meist bestachelt, das Laub groß und dicht. Es gibt weiße, rosa, selbst dunkelrote Sorten, deren große, meist dichtgefüllte Rosen sehr gut duften. Der Juniflor der winterharten Sträucher ist reich, die Herbstblüte unterschiedlich gut.

Polyantha: Eine niedrige, einmalblühende Form von *Rosa multiflora* kam durch Robert Fortune 1865 nach England. Ihre Blütenrispen waren rosa und halbgefüllt. Eine Pflanze gelangte nach Lyon, und Jean Sisley erhielt daraus hübsche Sämlinge. Wahrscheinlich war auch 'Ma Pâquerette', die Guillot 1875 in den Handel gab, einer davon.

1743 hatte der Schwede Thunberg *Rosa multiflora* beschrieben; deutsche Botaniker wußten nichts davon und benannten sie 1843 *Rosa polyantha.* So kommt es, daß diese Multiflora-Abkömmlinge Polyantha heißen. Sangerhausen hat eine sehr umfangreiche Polyantha-Kollektion angepflanzt, und man kann die Entwicklung der Klasse sehr gut studieren: von 'Ma Pâquerette' über die Polyanthen der anderen Lyoner Züchter, die reizvolle Mini-Teerosenblüten haben, wie z. B. 'Mlle Cécile Brunner', bis zu den typischen Polyanthen. Niedriger, buschiger Wuchs und an jedem Zweig ganze Buketts niedlicher Rosen, das ist ideal für Einfassung und Teppichbeete. Polyantha blühen bis zum Spätherbst und sind winterhart. Kurzer Frühjahrsschnitt ist empfehlenswert.

Aus den Polyantha entwickelten sich die Polyantha-Hybriden, die verwendet werden, wo es um Massenwirkung geht.

Strauchrosen

Rugosa-Hybriden: Die aus Japan stammende *Rosa rugosa* bildet starkwüchsige, sehr stark bestachelte Sträucher, die vortrefflich winterhart sind. Ihr robustes, runzliges Laub verfärbt sich im Herbst, und Hagebutten zieren den Strauch. Die ersten Züchtungen mit *Rosa rugosa* entstanden Ende des 19. Jahrhunderts; sie sind robuste Gesellen, die den ganzen Sommer blühen. Es gibt auch Rugosasorten mit nelkenartigen oder edelrosenähnlichen Blüten; fast alle duften gut. Es gibt weiße, rosa und dunkelrote Rugosa-Hybriden; gelbblühende Sorten sind bis heute sehr selten.

Kletterrosen

Multiflora-Hybriden: Die Stammform *Rosa multiflora,* heimisch in China, Japan und Korea, hat ihren Nachkommen die bis zu 5 m langen Zweige, oft stark bestachelt, vererbt. Auffallend sind die meist riesigen pyramidalen Blütenbüschel der Multiflora-Hybriden, die erst nach 1870 in Europa entstanden. Es sind einmal überreich blühende Kletterrosen, die im Herbst reichen Hagebuttenschmuck zeigen. Leicht zu vermehren durch Absenker oder Steckholz.

Wichuraiana-Hybriden: Der deutsche Jurist und Amateurbotaniker Dr. Max Wichura (1817–1866) entdeckte um 1860 in Japan die Wildform der Klasse, die seinen Namen trägt. Kennzeichen der einmalblühenden Wichuraiana sind sehr lange schlanke Zweige, glänzendes dunkelgrünes Laub und die späte Blütezeit dieser Kletterrosen. An Rosenbögen gezogen, sitzen die Blütenbüschel so dicht, daß kaum mehr das Laub zu sehen ist. Einige der Wichuraiana-Hybriden stammen von *Rosa luciae*, einer der *Rosa wichuraiana* sehr ähnlichen Wildrose, ab.

Noisette-Rosen: Die erste öfterblühende Kletterrosenklasse wurde nach den Brüdern Noisette benannt, doch die Stammutter ist ein Zufallssämling, der um 1802 bei dem Reispflanzer John Champneys in Charleston/South Carolina enstand. Als 'Champney's Pink Cluster' kam er in New York in den Handel, in Europa wurde er 'Champneyana' genannt.

Louis Noisette schrieb 1828 in der deutschen Übersetzung seines „Manuel Complet du Jardinier" („Vollständiges Handbuch der Gartenkunst") lakonisch: „Rosa noisettiana, Boston Amerika, von wo sie im Jahr 1814 von meinem Bruder, Philipp Noisette, nach Europa geschickt wurde."

Redouté malte 1818 ein blühendes Exemplar, das aus einer Auswahlkollektion stammte und das Thory als *Rosa* × *noisettiana* beschrieb. 10 Jahre später gab es bereits mehr als 100 Noisette-Rosen, die meisten kletternd, dauerblühend und von zarter Färbung. Die ersten gelben Farbtöne kamen durch das Einkreuzen der gelben Teerose *Rosa odorata* 'Ochroleuca', 1824 aus China eingeführt, zustande. Dadurch wurde die Frostempfindlichkeit noch verstärkt, dafür die Blüten größer. Später wurden frostharte Sorten eingekreuzt, so daß die für das Weinbauklima geeigneten Noisette-Rosen an geschützten Standorten und mit ausreichendem Winterschutz fast überall gedeihen. Die meisten Noisette-Rosen sind Kletterrosen.

Sempervirens-Hybriden: Die kletternde, fast immergrüne *Rosa sempervirens* ist seit dem 17. Jahrhundert bekannt und im Mittelmeergebiet heimisch.

A. A. Jacques, der Gärtner des Herzogs von Orléans, züchtete um 1830 damit ca. 40 Sorten. Im Rosarium Sangerhausen sind die rosafarbene 'Princesse Marie', die hellrosa 'Princesse Louise' und die weiße 'Félicité et Perpétue' vorhanden. Die Sempervirens-Hybriden sind hübsche, hochkletternde, einmalblühende Rosen. Sie vertragen etwas Schatten und brauchen Winterschutz.

Tafelteil

Die Abfolge der Farbtafeln richtet sich nach dem Jahr der Veröffentlichung in der „Rosen-Zeitung" (RZ), beginnend 1886.

Die Beschreibung jeder Sorte umfaßt den Sortennamen, die Klasse, der die Sorte angehört, den Züchter (in einigen Fällen auch den Verbreiter), bei ausländischen Züchtungen das Land (F = Frankreich, GB = Großbritannien, L = Luxemburg), das Einführungsjahr und einen Kurztext.

Sh = Sorten, die im Europa-Rosarium Sangerhausen blühen.

H = Sorten, die im Handel geführt werden.

'Mlle Cécile Brunner'

Polyantha
Züchter: Veuve Ducher, Verbreiter: Pernet-Ducher, F 1880

Die mädchenhafte Polyantha war auch als 'Sweetheart Rose' und 'Mignon' bekannt. Die Witwe Ducher in Lyon züchtete sie, und ihr Schwiegersohn gab sie in den Handel. 'Cécile Brunner' ist ein zarter, gut für die Containerkultur geeigneter Strauch, dessen duftende gelblichrosa Minirosen die ganze Saison über erscheinen. Der Amerikaner H. B. Ellwanger empfahl 1882 'Mignon' für Opernbuketts.

Auch Climbing 'Mlle Cécile Brunner' (Hosp 1894), der kletternde Sport, ist sehr beliebt.
Sh; H (beide Sorten)

'Ulrich Brunner Fils'

Remontant-Hybride
Levet, F 1882

Unser Porträt ist ein Familienbild: Die dem Lausanner Rosengärtner U. Brunner jun. gewidmete Sorte stammt – wie die seiner Tochter zugeeignete – aus Lyon; ein gesunder, wuchskräftiger, langlebiger Strauch, der zuverlässig reich und bis in den Herbst hinein blüht. Die kirschroten, beachtlich großen Rosen duften stark.
Sh; H
RZ 1886

'Ulrich Brunner Fils' (kirschrot) 'Mlle Cécile Brunner'

‘Grace Darling’

Teerose
Bennett, GB 1885

Bei dem Engländer W. F. Bennett, der vom Viehzüchter zum erfolgreichen Rosenzüchter wurde, entstand die anmutige, duftende Teerose. Ihre rundlichen, blaßgelben, leicht rosa angehauchten Blüten entfalten sich vom Juni bis zum Herbst. ‘Grace Darling’ ist relativ winterhart.

Der Name dieser Rose erinnert an die Tochter eines Leuchtturmwärters, die 1838 mit ihrem Vater neun Schiffbrüchige rettete.

Sh; H
RZ 1887

'Grace Darling'

‘Clothilde Soupert’
Polyantha
Soupert et Notting, L 1889

Eine charmante, großblumige Polyantha, die duftet und bis zum Herbst reich blüht. Ihre sanften Farben und der niedrige Wuchs gefallen im Rosarium und im eigenen Gärtchen; sie liebt sonniges Wetter.

Die Rosenschule von Soupert et Notting in Luxemburg war schon 1889 europaweit bekannt. Ihre Züchtungen errangen international viele Preise, und Lina Michel reiste mehrfach dorthin, um die Neuheiten zu malen.
Sh; H
RZ 1889

‘Clothilde Soupert’

'Kaiserin Friedrich'
Kletternde Teerose
Drögemüller 1890

Der Liebhaberzüchter Rektor Drögemüller huldigte mit dieser Sorte der Protektorin des Vereins Deutscher Rosenfreunde, der Tochter Queen Victorias, die ebenfalls Victoria hieß. Kaiserin Friedrich war ihr Witwenname, den sie nach dem Tode ihres Mannes, Kaiser Friedrichs III., des „99-Tage-Kaisers", annahm.

Der Rosengarten am Neuen Palais in Potsdam verwirklichte ihre Ideen, ebenso die Rosenanlagen ihres Witwensitzes Schloß Friedrichshof, den die Rosenfreunde 1897 besuchen durften.

Der Kgl. Hofgärtner Th. Nietner hatte ihr 1880 – damals war sie noch Kronprinzessin – sein Rosenbuch gewidmet. Es blieb das beste und schönste Standardwerk in Deutschland für 100 Jahre; 5.000 Sorten hat Nietner darin beschrieben.

In Sangerhausen wird die reichblühende und gut duftende Sorte an einem Pfeiler gezogen und im Winter niedergelegt und mit Erde bedeckt.
Sh
RZ 1889

'Kaiserin Friedrich'

‘Viscountess Folkestone’

Teehybride
Bennett, GB 1886

Henry Bennetts Rosenkulturen befanden sich in Shepperton in der Grafschaft Middlesex; er war mit seiner Teehybridenzüchtung sehr erfolgreich. Die gelblichrosa ‘Folkestone’ hat die zarte Farbe und den Duft von den Teerosen geerbt; ein Erbteil der Remontant-Hybriden sind der kräftigere Wuchs und die bessere Winterhärte. Wie alle Teehybriden blüht die Bennett-Rose von Mitte Juni bis in den Oktober hinein.
Sh; H
RZ 1890

'Viscountess Folkestone'

Rosa foetida 'Bicolor'
Wildrose
vor 1590 in Kultur

Die wahrscheinlich aus Mittelasien stammende Wildrose trägt viele Namen: 'Jaune Bicolore' (franz. gelbe Zweifarbige), *Rosa lutea bicolor, Rosa punicea*; der Volksmund nennt sie „Kapuzinerrose". Sie ist gewiß eine spontane Mutation der *Rosa foetida*, denn manchmal bringt sie einzelne Zweige mit reingelben Blüten wie die Stammform. Der 2 m hohe Strauch blüht nur Anfang Juni, meist nur in Parks und botanischen Gärten, denn die attraktiven, zweifarbigen Rosen riechen nicht gut – man sagt, sie „duften" nach Wanzen.
Sh; H
RZ 1890

Rosa foetida 'Bicolor'

‘Félicité et Perpétue’
Sempervirens-Hybride
Jacques, F 1827

Jacques war der Gärtner des Herzogs von Orléans. Er züchtete in Neuilly eine Reihe von Sempervirens-Hybriden, deren schönste er – so sagt man – nach seinen Töchtern benannte, die Namen karthagischer Märtyrerinnen trugen.

Die langen, biegsamen Zweige der hochwachsenden Kletterrose neigen sich unter der Fülle der weißen, rosettenförmigen Blüten, die sich nur Ende Juni entfalten. Das dunkle, glänzende Laub bleibt am Strauch bis zum Winter. Nur selten gibt es Frostschäden an dieser Favoritin der Freunde Alter Rosen.

‘Little White Pet’ (Henderson, USA 1879) ist ein beliebter niedriger Sport der Sorte, der den ganzen Sommer über blüht.

Sh; H (beide Sorten)
RZ 1890

'Félicité et Perpétue'

'Duke of Teck'
Remontant-Hybride
G. Paul, GB 1880

Ganz im Stil der Zeit hat Lina Michel 'Duke of Teck' gemalt. Der kräftige, reichblühende Strauch beeindruckt mit seinen rundlichen, scharlachroten, großen Rosen, die gut duften; auch der zweite Flor im Spätsommer ist üppig. Die Rose ist dem Vater von Queen Mary (1867–1953) gewidmet, die die Gattin Georgs V. war.
Sh
RZ 1891

'Duke of Teck'

'Kaiserin Auguste Viktoria'

Teehybride
Züchter: Peter Lambert, Verbreiter: Lambert & Reiter 1891

Bei der Berliner Gartenbauausstellung 1891 zeigte die Trierer Firma Lambert & Reiter die Neuheit des Juniors. Die elegante weiße Rose gefiel der deutschen Kaiserin und wurde ihr gewidmet. Die „Kaiserin“, wie der Handel sie nannte, war lange die beliebteste Brautrose. Eine gute Treibrose, ideal für feine Blumenbinderei und sehr gut auf Hochstämmen, wo die bildschönen, duftenden Rosen in Augenhöhe blühen.
Sh; H
RZ 1891

'Kaiserin Auguste Viktoria'

'Elise Heymann'
Teerose
C. P. Strassheim 1891

Leider ist uns von der reichblühenden, wohlriechenden Sorte nurmehr das schöne Konterfei geblieben. Ihr Züchter war ein vielseitig tätiger und engagierter Mann: Eigentlich Straßenbauer, wurde er 1886 zum Schriftleiter und Geschäftsführer des Vereins Deutscher Rosenfreunde bestellt. In Frankfurt am Main entstand sein berühmter Rosengarten mit der einmaligen Wildrosensammlung von Dr. Dieck, die er im Jahre 1900 in Paris bei der Weltausstellung zeigte.

'Elise Heymann' entsprach dem Teerosenideal mit ihrer hübschen Blütenform, dem guten Duft und der seltenen kupfergelben Farbe. Sie war eine ausgezeichnete Topf- und Hochstammrose.
RZ 1892

'Elise Heymann'

‘Œillet Flamand’
Gallica-Rose
Vibert, F 1845

Der Sortenname charakterisiert die Rose vortrefflich. Die munter weiß, rosa und rot gestreiften Blüten sind rosettenförmig und ähneln „Flämischen Nelken“, denn sie duften auch gut. Alle Gallica-Rosen blühen ausschließlich im Juni und sind winterharte, langlebige Sträucher.

Jean Pierre Vibert (1777–1866) hatte unter Napoleon gekämpft und war verwundet heimgekehrt. Seit 1810 beschäftigte er sich mit Rosen. 1814 übernahm er in Paris von Descemet, der nach Odessa geflohen war, dessen Kollektion und 10.000 Sämlinge. Aus England importierte er die neuen chinesischen dauerblühenden Sorten, die so entscheidend für die Züchtung wurden. Viberts umfangreiche Kataloge und sein Schaugarten mit 1.300 Sorten sprechen für seine Leistungen. 1839 verlegte er seinen Betrieb nach Angers; er reiste nach England, um mit den jungen englischen Rosenzüchtern Kontakte zu knüpfen. 1851 verkaufte er seine Rosenschule an den Mitarbeiter Robert. Als Rentier pflegte er seine Rosensammlung in der Umgebung von Paris und schrieb bis an sein Lebensende über Rosenzüchtung und -kultur. 600 Vibert-Züchtungen kannten Simon und Cochet noch 1900.

‘Gloire des Rosomanes’ nannte Vibert 1825 eine Rose; auch er, der Berufszüchter, gehörte zu den Rosomanen, den leidenschaftlichen Rosenliebhabern.

Sh; H
RZ 1892

'Œillet Flamand'

‘Prinzessin Luise von Sachsen’

Teerose

Züchter: Zehmisch, Verbreiter: Vieweg 1898

Robert Zehmisch, ein Rosengärtner im Vogtland, fand an einer Pflanze der gelbblühenden ‘Perle de Lyon’ einen Zweig mit dunkelorangegelben Blüten, die köstlich dufteten. Davon nahm er Augen und veredelte sie auf *Rosa canina*. Der Sport erwies sich als konstant; alle Rosenstöcke brachten nur orangefarbene Blüten. Die reizvolle Neuheit beeindruckte auf Ausstellungen und gefiel auch der rosenliebenden Luise von Toskana, seit 1891 Gemahlin des Prinzen Friedrich August von Sachsen.

Zehmisch verkaufte die vielversprechende Neuheit an O. Mohrmann in Leipzig, der die Schöne für die „Rosen-Zeitung“ 1893 malen ließ, doch erst 1898 kam ‘Prinzessin Luise von Sachsen’ durch Vieweg in den Handel.

Laune der Natur: Zehmischs Rose erwies sich auf Dauer als nicht konstant.

Die kapriziöse Prinzessin Luise wurde zwar 1902 Kronprinzessin, aber niemals Königin von Sachsen. 1903 nach der Scheidung wurde sie Gräfin Montignoso und später Signora Toselli – Schicksal einer Habsburgerin und ihrer Namenrose.

RZ 1893

'Prinzessin Luise von Sachsen'

'Gustave Régis'

Teehybride
Pernet-Ducher, F 1890

Der Lyoner Züchter Pernet-Ducher kannte nur die Muttersorte, die Teerose 'Mlle Blanche Durrschmidt'. Die unbekannte Vaterrose war vermutlich eine Remontant-Hybride, die 'Gustave Régis' den robusten Wuchs vererbte. Die Teehybride trägt von Juni bis September viele große, leicht gefüllte, gelbe Rosen. Im Herbst sind ihre Blütenblattränder karminrosa getönt; ein aparter, duftender Vasenschmuck.
Sh

'Mme Caroline Testout'

Teehybride
J. Pernet-Ducher, F 1890

Mit sicherem Gespür wählte Madame Testout, Inhaberin eines Modesalons in Paris, ihr rosa Patenkind aus, das die Schnittrosengärtner als zu stachelig beurteilt hatten. Die reich- und dauerndblühende 'Testout' wurde ein Welterfolg und hat mehr als 200 Nachkommen. Ihr 100jähriges Jubiläum feierte sie in vielen Gärten und auch in Sangerhausen, wo zudem Climbing 'Caroline Testout' eine der attraktivsten Kletterrosen ist. Der französische Züchter Chauvry gab die 3 m hohe Mutation 1901 in den Handel.

Die Lyrikerin Gertrud Kolmar – 1943 als Jüdin verschleppt und wahrscheinlich im KZ umgekommen – hat in ihrem Sonettenzyklus „Bild der Rose“ neben 16 anderen Sorten auch der 'Caroline Testout' ein eigenes Gedicht gewidmet.
Sh; H (beide Sorten)
RZ 1894

'Gustave Régis' (gelb)   'Mme Caroline Testcut'

'Mrs John Laing'
Remontant-Hybride
Bennett, GB 1887

Diese Rose ist eine typische rosa Remontant-Hybride, ein vitaler Strauch, der im Herbst gut nachblüht. Ihre sehr großen Blüten, die wie Zentifolien duften, sind heute noch beliebte Ausstellungsrosen.

John Laing war einer der bedeutendsten Rosenkultivateure Englands.

Sh; H
RZ 1894

'Mrs John Laing'

'Papa Gontier'
Teerose
Nabonnand, F 1882

Paul Nabonnands Züchtungsideal waren Rosen für den Schnittblumenhandel. In Massen wurden sie an der Riviera angebaut. Sie waren gut geeignet zum Treiben, transportfähig und für die damalige Zeit langstielig.

Die duftende 'Papa Gontier', eine karminrosa Teerose mit gelblicher Mitte und mit schlanken Knospen auf relativ langen Stielen, entsprach dem Ideal der Zeit.
Sh; H

'Baronne Henriette de Loew'
Teerose
Nabonnand, F 1888

Die zartrosa, duftende Teerose ist Freifrau v. Loew gewidmet, auf deren Feldern in Steinfurth die Gebrüder Schultheis die damals größte Rosenschule Deutschlands gründeten. Steinfurth/Bad Nauheim ist heute Rosendorf des VDR und hat ein sehenswertes Rosenmuseum.

'Niphetos'
Teerose
Bougère, F 1843

'Niphetos' ('Bräutchen') ist heute noch das Idol einer weißen Teerose. Die schlanken, nickenden Blüten haben einen exzellenten Duft. Die sehr kälte- und nässeempfindliche Rarität wird in Sangerhausen mit großer Sorgfalt im Freien kultiviert. Climbing 'Niphetos' wurde von Alma de l'Aigle in ihrem Buch „Begegnung mit Rosen" meisterhaft porträtiert.
Sh; H

'Comtesse de Frigneuse'
Teerose
Guillot, F 1885

Reingelbe Schnittrosen waren zu jener Zeit selten, aber sehr begehrt. In Habitus und Duft war die 'Comtesse' eine typische Teerose, die bis 1941 in Sangerhausen überlebte.
RZ 1894

'Papa Gontier' (rot)
'Niphetos' (reinweiß)

'Baronne H. de Loew' (zartrosa)
'Comtesse de Frigneuse' (gelb)

'Mosella'
Polyantha
Lambert & Reiter 1895

Peter Lambert benannte die aus einer Kreuzung (Polyantha × Teerose) entstandene Züchtung nach dem Gedicht „Mosella" des römischen Dichters Ausonius, der in Trier gelebt hat. Die kamelienförmigen blaßgelben Rosen dufteten leicht und blühten bis zum Frost. In den USA führten Conard & Jones 1909 einen kletternden Sport ein.
RZ 1895

'Mosella'

'Cristata'
Zentifolie
in der Schweiz gefunden, um 1827 im Handel

Der Volksmund hat dieser Mutation einer Zentifolie originelle Namen gegeben: „Chapeau de Napoléon" – „Napoleonshut" – wegen der Knospenform, „Hahnenkammrose" wegen der farnartig bemoosten Ränder ihrer Sepalen (Kelchblätter). Die aparte Strauchrose blüht im Juni, und ihre rosafarbenen großen Blüten duften gut.
Sh; H
RZ 1896

'Cristata'

'Frau Therese Glück'
Teerose
Glück 1893/97

Der Rosengärtner Glück ließ seine hübsche, duftende, lachsrosa Teerose für die Rosenzeitung malen, doch das Glück war ihr nicht hold. Sie glich zu sehr 'Marie Ducher', einer Ducher-Züchtung von 1869. Um 1880 kamen zu viele Neuheiten auf den Markt, die älteren Sorten ähnelten. Der Handel und die Rosenfreunde wehrten sich; auch der VDR veröffentlichte eine „Liste einander ähnlicher Züchtungen". Um die Neuheitenflut einzudämmen, wurden die zu ähnlichen Sorten als Synonyme eingestuft.
RZ 1896

'Frau Therese Glück'

'Preziosa'
Teehybride
L. Vieweg 1896

Aus einer Kreuzung der berühmten weißen Teerose 'Niphetos' mit einer Remontant-Hybride entstand die dunkelkarminrote 'Preziosa'. Obwohl sie früh und reich blühte und ihre großen, gut gefüllten Blüten wie Teerosen dufteten, verschwand sie bald aus dem Handelssortiment.
RZ 1896

'Preziosa'

'Aglaia'
Multiflora-Hybride
Züchter: Schmitt, Verbreiter: Lambert 1896

1883 erzielte Schmitt in Bischweiler im Elsaß aus der Kreuzung *Rosa multiflora* × Noisette-Hybride 'Rêve d'Or' eine hübsche Kletterrose. Der kräftige Wuchs, die frühe Blütezeit und die üppigen kanariengelben, duftenden Blütenbüschel erfreuen heute noch die Besucher in vielen Gärten und Parks. In den USA als 'Yellow Rambler' geführt.
Sh; H

'Euphrosyne'
Multiflora-Hybride
Züchter: Schmitt, Verbreiter: Lambert 1896

Die reinrosafarbenen, duftenden Blüten erscheinen früh in großen Dolden an den langen, wenig bestachelten Trieben.
Sh; H

'Thalia'
Multiflora-Hybride
Züchter: Schmitt, Verbreiter: Lambert 1895

Auch 'Thalia' blüht nur einmal, aber verschwenderisch mit großen Büscheln reinweißer Röschen, zu denen das hellgrüne Laub gut paßt. Die bis 3 m hohe Kletterrose wird in den USA 'White Rambler' genannt.
Sh; H
RZ 1897

Peter Lambert kaufte von Schmitt diese drei Kletterrosen und brachte sie als „Drei Grazien“ in den Handel. Sie sind heute noch im In- und Ausland beliebt.

'Aglaia' (gelb) 'Euphrosyne' (rosa) 'Thalia' (weiß)

'Großherzogin Viktoria Melita' (von Hessen)
Teehybride
Lambert 1898

Von der Teerose 'Safrano' hatte die Sorte den vorzüglichen Duft geerbt, von der 'Mme Caroline Testout' die Reichblütigkeit. Die cremeweißen, zur Mitte hin gelblichen Rosen gefielen der in Darmstadt residierenden Großherzogin, die zur Namenspatronin wurde.

Unter dem von 1892–1918 regierenden Großherzog Ernst Ludwig von Hessen wurde Darmstadt ein Zentrum des Jugendstils und der Park „Rosenhöhe" angelegt. Seit einigen Jahren ist er wieder ein wahres Juwel des Jugendstils.
RZ 1897

'Großherzogin Viktoria Melita' (von Hessen)

'Marquise Litta de Breteuil'
Teehybride
Pernet-Ducher, F 1894

Eine Prunkrose ersten Ranges, die, auf Hochstamm veredelt, ihre riesigen, üppigen und köstlich duftenden Blüten in Augenhöhe darbietet. In Sangerhausen ist die 'Marquise' als Beetrose angepflanzt.
Sh
RZ 1898

'Marquise Litta de Breteuil'

'Papa Lambert'
Teehybride
Peter Lambert 1899

Mit dieser hervorragend duftenden rosa Teehybride ehrte der Sohn den 1897 verstorbenen Vater. Der Senior hatte 1860 die Baum- und Rosenschule Lambert & Reiter in Trier gegründet, die hauptsächlich französische Neuheiten vermehrte, bis der Junior selbst erfolgreich Rosen züchtete.
Sh
RZ 1898

'Papa Lambert'

'Gruß an Teplitz'
Bourbon- bzw. Chinensis-Hybride
Züchter: Geschwind, Verbreiter: Lambert 1897

Die Sorte wird sowohl als Bourbon- als auch als Chinensis-Hybride klassifiziert, da sie gemischter Abstammung ist. Der locker wachsende Strauch kann auch als halbhohe Kletterrose verwendet werden. Er blüht reich und öfters, seine karminroten, gefüllten, leicht nickenden Rosen duften stark.

Rudolf Geschwind (1829–1910) war Forstmeister in der alten Donaumonarchie Österreich/Ungarn. 1864 veröffentlichte er in Wien das erste deutschsprachige Werk über Rosenzüchtung: „Die Hybridation und Sämlingszucht der Rosen". Sein Züchtungsziel waren frostharte, öfterblühende Rosen, das er mit den sogenannten Ungarischen Kletterrosen erreichte. „Nordlandrosen" nannte er spätere Züchtungen, die Gräfin Chotek nach seinem Tod herausbrachte.
Sh; H
RZ 1899

'Gruß an Teplitz'

'Mme Wagram, Comtesse de Turenne'
Teerose
Bernaix, F 1895

Die Abstammung der Lyoner Züchtung ist unbekannt; da sie zwar reich, aber nur am alten Holz blüht, ist sie wohl keine reine Teerose. Der Zufallssämling beeindruckt heute noch durch seine sehr üppigen Blüten, deren Inkarnatrosa sich vertieft wie bei den Chinenses. Ihr Duft ist ein weiterer Vorzug, doch sie braucht einen sonnigen Standort und optimale Pflege.
Sh; H
RZ 1899

'Mme Wagram, Comtesse de Turenne' Rosen-Goldkäfer (oben rechts)

‘Professor Dr. Schmidt’
Remontant-Hybride
Strassheim 1899

Die Sorte des Hobbyzüchters Strassheim wäre auch heute noch beliebt, denn sie hatte sehr große, stark gefüllte Rosen von samtigem Purpurviolett, blühte reich und remontierte gut. 1936 war sie noch in Sangerhausen vorhanden; schade, daß es sie nicht mehr gibt.
RZ 1899

'Prof. Dr. Schmidt'

‘Reichsgraf E. von Kesselstatt’

Teerose
Lambert 1898

Das Palais Kesselstatt in Trier ist heute noch zu bewundern, aber der einst berühmte Rosengarten und die dem Reichsgrafen gewidmete Teerose sind vergangen. Ihr Porträt zeigt die gelbrosa Rosen mit den hübschen, rotgeränderten Blütenblättern. Die duftende Sorte blühte auch im Herbst noch reich.
RZ 1900

'Reichsgraf E. von Kesselstatt'

'Conrad Ferdinand Meyer'

Rugosa-Hybride
Züchter: Dr. Müller, Verbreiter: Froebel 1899

Ein sehr kräftiger, hoher Strauch, die Zweige mit vielen starken Stacheln bewehrt, der reich und bis zum Herbst blüht. Die sehr großen, üppig gefüllten, silberrosa Rosen duften köstlich. Sie kommen besonders schön in der Vase zur Geltung.

Stefan Olbrich, Obergärtner bei Froebel in Zürich, war begeistert von der Sorte des Pfälzer Arztes und Hobbyzüchters und widmete sie dem Schweizer Dichter.
Sh; H

'Rosa wichuraiana'

Kletterrose
aus Japan, seit 1891 im Handel

Eine halbimmergrüne, spätblühende Wildrose mit glänzendem Laub, die Zweige stark bestachelt. Sie ist benannt nach dem preußischen Juristen Dr. Max Wichura (1817–1866), der als Autodidakt auch ein bedeutender Botaniker war und die Rose um 1860 aus Japan mitbrachte. Sie wird seit 1893 zur Kletterrosenzüchtung verwendet.
Sh; H
RZ 1901

'Conrad Ferdinand Meyer' (rosa) 'Rosa wichuraiana'

'Monsieur Frédéric Daupias'

Teerose
Chauvry, F 1898

Um 1900 waren Teerosen, wie eine Umfrage des VDR zeigte, immer noch die beliebteste Rosenklasse, obwohl ihre geringe Frosthärte in Deutschland sorgfältigen Winterschutz erforderte.

Chauvry züchtete im klimatisch begünstigten Bordeaux seine cremeweiße, rosa angehauchte, duftende Teerose. Sie lebt nur in Lina Schmidt-Michels Rosenbild fort.

'Rote Hermosa'

Chinensis-Hybride
Geissler 1899

'Hermosa' (1840), ein Elternteil der Geissler-Züchtung, gehört heute noch zum Standardsortiment der Alten Rosen. Von dieser hat 'Rote Hermosa' den niedrigen Wuchs und die Winterhärte geerbt, ebenso den leichten Duft; nur die rundlichen Blüten sind karminrot.
Sh
RZ 1901

'Monsieur Frédéric Daupias' 'Rote Hermosa' (rot)

'Hofgartendirektor Graebener'

Teehybride
Lambert 1899

Der 'Testout'-Sämling blüht heute noch in Sangerhausen die ganze Saison hindurch. Die langen Knospen des aufrechten Strauches öffnen sich zu rosa bis kupfergelben, duftenden Blüten.

Hofgartendirektor Graebener unterstanden alle badischen Hofgärten, in denen er gern Rosen pflanzen ließ.
Sh

'Leonie Lamesch'

Polyantha
Lambert 1899

Peter Lambert war ein Kavalier alter Schule. In der „Rosen-Zeitung" schrieb er: „Diese hübsche Polyantha ist meiner jugendlichen Braut gewidmet." Rundliche Röschen, deren Kupferrot zur Mitte hin gelb wird, blühen in kleinen Buketts an einem buschigen, niedrigen Strauch. Sie duften gut und erfreuen den ganzen Sommer über.
Sh; H
RZ 1901

'Hofgartendirektor Graebener' (groß, gelblich) 'Leonie Lamesch'

'Johanna Sebus'

Kletternde Teehybride
Züchter: Dr. Müller, Verbreiter: Froebel 1899

Die rosagelbe, bis 3 m hohe Kletterrose blühte ausdauernd und duftete nach Heliotrop, einer Zierpflanze mit vanilleartigem Geruch. Ihr Name erinnert an ein Mädchen, das im Jahre 1809 beim Versuch, Menschen bei Eisgang des Rheins zu retten, selbst ertrank.

Goethe schrieb Johanna zu Ehren eine Kantate, der weniger bekannte Roderich Benedix ein Drama.

Die Sorte existiert leider nicht mehr.

'Georges Schwartz'

Teerose
Veuve Schwartz, F 1899

Bis zum Zweiten Weltkrieg war auch der kanariengelbe, exzellent duftende Sämling der 'Kaiserin Auguste Viktoria' in Sangerhausen vorhanden. Heute erinnert nur noch das schöne Bild an die in Lyon, dem Zentrum des französischen Rosenanbaus, gezüchtete Sorte.

Die Schwartz-Züchtungen 'Reine Victoria' (1872) und 'Mme Alfred Carrière' (1879) fehlen in keinem Buch über Alte Rosen.
RZ 1901

'Johanna Sebus' (rosa) 'Georges Schwartz'

‘Oskar Cordel’

Remontant-Hybride
Lambert 1897

Der vitale, kompakt wachsende Strauch bringt im Juni viele leuchtend karminrote, stark gefüllte Rosen hervor. Die großen Blüten haben runde, breite Blütenblätter und duften ausgezeichnet. Der Herbstflor ist bescheiden.

Oskar Cordel war Schriftsteller, Mitarbeiter bei der „Vossischen Zeitung“ in Berlin, die Peter Lambert sehr schätzte, und ein bekannter Schachmeister seiner Zeit – auch Lambert war dem Schach sehr zugetan.
Sh; H

‘Eugenie Lamesch’

Polyantha
Lambert 1899

Die niedrige, buschig wachsende Polyantha war ein Sämling der Kletterrose ‘Aglaia’. Ihre kupfrigen Knospen öffneten sich zu hellgelben, mittelgroßen Blüten, die nach Äpfeln dufteten. Leider ging die reichblühende und gut remontierende Polyantha im Zweiten Weltkrieg auch in Sangerhausen verloren. Sie war Peter Lamberts Schwägerin, einer Luxemburger Gärtnerstochter, gewidmet.
RZ 1901

'Oskar Cordel' (rosa) 'Eugenie Lamesch'

‘Frau Karl Druschki’

Remontant-Hybride
Lambert 1901

Welchen Welterfolg diese Lambert-Züchtung hatte, erkennt man an den zahlreichen Synonymen: ‘Reine des Neiges’ (Frankreich), ‘Snow Queen’ (England), ‘White American Beauty’ (USA). Ihr deutscher Name erinnert an die Frau eines Präsidenten des Vereins deutscher Rosenfreunde.

Schon der Strauch fällt durch seine kräftigen Zweige auf, die mit großblättrigem Laub bedeckt sind. Aus spitzen Knospen entfalten sich riesengroße, blendendweiße, gefüllte Blüten, die sich am Strauch und als Schnittblumen lange halten. Die Sorte blüht im Juni überwältigend und im Herbst gut nach. Im Frühjahr nicht kurz schneiden, sie blüht am alten Holz! ‘Druschki’ fehlt zwar der Duft, doch sie wurde viel zur Züchtung benutzt.

Sh; H
RZ 1902

'Frau Karl Druschki'

'Leuchtstern'
Multiflora-Hybride
Züchter: Kiese, Verbreiter: J. C. Schmidt 1899

Die harte Kletterrose entstammt einer Kreuzung mit 'Crimson Rambler'. Sie blüht einmal, aber lange, mit sehr großen Blütenständen. Das hübsch gewellte Laub ist etwas mehltauempfindlich.
Sh; H
RZ 1902

'Leuchtstern'

‘Venus’

Remontant-Hybride
Züchter: Kiese, Verbreiter: J. C. Schmidt 1895

Der köstliche Duft harmoniert mit den samtig-purpurfarbenen Rosen, die der wenig bestachelte, aufrechte Strauch trägt. Die Sorte blüht im Herbst noch einmal.

Kieses ‘Venus’ mag der Göttin der Liebe oder dem Planeten (dem Abend- bzw. Morgenstern) gewidmet sein.
Sh

‘Katharina Zeimet’

Polyantha
Lambert 1901

‘White Baby Rambler’ nennt man in den USA die der Nichte des Züchters gewidmete niedrigwachsende Sorte. Reinweiße, kleine, dichtgefüllte Röschen blühen in großen Ständen die ganze Saison hindurch über dem kleinblättrigen Laub. ‘Katharina Zeimet’ wird heute noch gern gepflanzt, besonders zusammen mit Alten Rosen.
Sh; H
RZ 1902

'Venus' (rot) 'Katharina Zeimet'

‘Mme Cadeau-Ramey’

Teehybride
Pernet-Ducher, F 1896

Peter Lambert empfahl als Redakteur der „Rosen-Zeitung“ die Sorte besonders als Treibrose, da ihre zartrosa Blüten mit der gelblich getönten Mitte einzeln auf langen Stielen wuchsen.

‘Gloire de Lawrence’

Miniaturrose
seit 1837 in Kultur

Die „Rosen-Zeitung“ nennt das Liliputröschen ‘Gloire de Laurentia’. Die von *Rosa chinensis* ‘Minima’ abstammende Sorte eignete sich dank ihrem niedrigen Wuchs von nur 20 cm Höhe und ihren winzigen, gefüllten dunkelrosa Blüten sehr gut als Topfrose, aber auch als Einfassung für Beete.
RZ 1903

‘Mme Cadeau-Ramey’ (groß) ‘Gloire de Lawrence’

‘Frau Lilla Rautenstrauch’

Teehybride
Lambert 1903

Die Frau des Trierer Kommerzienrates Rautenstrauch liebte nicht nur Rosen, sondern stellte bei Trierer Rosenschauen auch gerne und erfolgreich ihr Rosensortiment und Buketts aus. Ihre schöne, gut duftende Namenrose überlebte leider den harten Winter 1941 in Sangerhausen nicht. Auf langen Stielen präsentierten sich die sehr großen, gelblichen Rosen, die sich zum Rande hin aufhellten.
RZ 1905

'Frau Lilla Rautenstrauch'

'Gustav Grünerwald'

Teehybride
Lambert 1903

Der Pate dieser Züchtung war Hofgärtner in Petersburg. Dort hatten deutsche Gärtner Schnittrosenkulturen aufgebaut, die erstklassige Treibrosen lieferten.

Der winterharte, aufrechte Strauch blüht reich und ausdauernd. Die karminrosa, zum Grunde hin mehr gelblichen Rosen stehen meist einzeln auf langen Stielen und duften. Die Sorte hält sich gut in der Vase.
Sh; H
RZ 1905

'Gustav Grünerwald'

‘Frau Cecilie Walter’
Polyantha
Lambert 1904

Peter Lambert widmete diese hübsche Polyantha der Frau des Elsässer Hobbyzüchters Louis Walter, der in Zabern – heute Saverne – 1898 den Rosengarten des Elsässischen Rosenvereins anlegte. Die Sorte zeichnet sich aus durch niedrigen, dichten Wuchs und einen guten Duft, was in dieser Klasse selten ist.
Sh

‘Florence Pemberton’
Teehybride
A. Dickson, GB 1904

Florence Pemberton war die Schwester des berühmten Reverend J. H. Pemberton, dessen Rosenbücher sie mit Federzeichnungen illustrierte. Sie begleitete den Bruder zu allen Ausstellungen, assistierte bei der Züchtung und übernahm 1926 die Pembertonsche Rosenschule. Alex Dickson ehrte sie mit einer cremefarbenen, gut gefüllten, duftenden Teehybride, die heute noch in Sangerhausen an sie erinnert.
Sh
RZ 1907

'Frau Cecilie Walter' (klein) 'Florence Pemberton'

‘Gottfried Keller’

Foetida-Hybride
Züchter: Dr. Müller 1894, Verbreiter: Froebel 1902

Vor 1890 begann Dr. Müller mit planmäßigen *Rosa-foetida*-‘Persiana’-Kreuzungen, denn bis dahin gab es weder leuchtendgelbe noch orangefarbene Rosen. 1894 konnte er bereits einen aprikosengelben Sämling ausstellen. Die Rose duftete, blühte reich und mehrmals, doch war sie nur leicht gefüllt. Erst 1902 kam die Neuheit des Amateurzüchters als ‘Gottfried Keller’ durch Froebel, Zürich, in den Handel – zu spät! Im Jahr 1900 hatte der Lyoner Züchter Pernet-Ducher schon seine farbkräftigere und dichtgefüllte ‘Soleil d’Or’ eingeführt, die weltberühmt wurde.
Sh

‘Mme Alfred Carrière’

Noisette-Hybride
Schwartz, F 1879

Eine der klassischen und heute noch begehrten duftenden und öfterblühenden Kletterrosen; eine fast winterharte Noisette-Hybride. Schwartz verehrte die elfenbeinfarbene, rosa überhauchte Rose der Gattin eines begeisterten Rosenliebhabers aus der Dauphiné. Die hochwachsende Sorte liefert von Juni bis Oktober mit ihren edlen, großen, langstieligen Rosen einen wunderschönen Vasenschmuck.
Sh; H
RZ 1907

'Gottfried Keller' (gelbrosa) 'Mme Alfred Carrière'

‘Trier’

Multiflora-Hybride
Lambert 1904

Peter Lambert ehrte seine Vaterstadt Trier mit einer buschigwachsenden, hohen Strauchrose, die anscheinend durch Selbstbestäubung der Kletterrose ‘Aglaia’ entstand. Aus den rosafarbenen Knospen der pyramidalen Blütenstände werden halbgefüllte weiße Rosen mit gelblicher Mitte, die fein duften. ‘Trier’ blüht früh, reich und mehrmals.

Lambert züchtete aus ‘Trier’ eine Reihe öfterblühender Strauchrosen, die er nach Dichtern benannte. In der älteren Literatur werden sie Lambertiana genannt. In England kreuzte Reverend Pemberton viel mit ‘Trier’; seine Züchtungen bezeichnete man als Pemberton- oder Moschata-Hybriden. Wilhelm Kordes setzte ab 1930 mit seinen öfterblühenden Strauchrosen diese Zuchtrichtung fort.
Sh; H
RZ 1907

'Trier'

‘Aennchen Müller’
Polyantha
J. C. Schmidt 1907

Die Erfurter Firma kreuzte die karminrote, aus Japan importierte Kletterrose ‘Crimson Rambler’, die nur im Juli blühte, mit einer niedrigen rosa Polyantha. Das Ergebnis war die reich- und dauerblühende ‘Aennchen Müller’, deren Blütenbüschel bis zu 30 korallenrosa Röschen zeigten. All die frühen Polyantha wurden gern für Teppichbeete benutzt, wo es allein auf die Farbwirkung, nicht auf die Schönheit der Einzelblüte ankam.
RZ 1908

‘Aennchen Müller’

'Dorothy Perkins'

Wichuraiana-Hybride
Jackson & Perkins, USA 1901

Die hochwachsende, nur einmal-, aber reichblühende Kletterrose ist von dunkelgrünem, glänzendem Laub bedeckt. Ihre kleinen, dicht gefüllten, reinrosa Blüten entfalten sich in großen Büscheln. Sie braucht einen luftigen Standort, da Mehltaugefahr besteht. Sie eignet sich gut für Rosenbögen und läßt sich leicht durch Absenker oder aus Steckholz vermehren. Dadurch ist sie weit verbreitet. 'Lady Godiva', ein blaßrosa Sport von 'Dorothy Perkins', ist gesünder und hübscher.
Sh; H

'Debutante'

Wichuraiana-Hybride
Walsh, USA 1901

Um die Jahrhundertwende nannte man nicht nur junge Schauspielerinnen, die ihre erste Theatersaison absolvierten, Debütantinnen, sondern auch heiratsfähige Töchter, die in die Gesellschaft eingeführt wurden.

Als 'Debutante' stellte Walsh 1901 die erste seiner berühmten Wichuraiana-Züchtungen vor. Sie ähnelt etwas 'Dorothy Perkins', doch das dunkelgrüne, zierliche Laub der hochwachsenden Kletterrose ist stets gesund. Ende Juni sind ihre rosaroten Blütensträuße aus gefüllten Röschen sehr hübsch im Garten und auch als haltbarer Tischschmuck.
Sh; H
RZ 1908

'Dorothy Perkins' 'Debutante' (rechts, blaßrosa)

'Friedrich Harms'

Teehybride
Züchter: Hinner, Verbreiter: Welter 1901

1908 erschien in der Rosenzeitung dieses schöne Bild mit dem Zusatz 'Franz Deegen'; unter diesem Namen steht die Rose heute noch in Sangerhausen.

Jägers „Rosenlexikon" weist als Züchter Wilhelm Hinner (1901) aus. Dieser arbeitete einige Jahre mit der Firma Welter in Trier zusammen, und anscheinend wurde dieselbe Züchtung zweimal getauft.

Friedrich Harms, ein Hamburger, war damals der beste deutsche Treibrosenspezialist und namhafter Rosenkenner. Franz Deegen besaß eine Rosenschule in Thüringen.

In den USA nannte man die Hinner-Züchtung 'Yellow Kaiserin Auguste Viktoria', denn sie ähnelt der Mutterrose in der eleganten Blütenform und duftet fein, ist aber winterhärter.
Sh
RZ 1908

'Friedrich Harms'

'Kronprinzessin Cecilie'

Teehybride
Züchter: Kiese, Verbreiter: J. C. Schmidt 1907

Als Kiese noch Obergärtner bei J. C. Schmidt in Erfurt war, glückte ihm der schöne 'Testout'-Sämling.

Es gehörte zu den Aufgaben der Kronprinzessin, Blumenschauen zu eröffnen; nach Ende des Ersten Weltkrieges wurde sie Schirmherrin des Vereins Deutscher Rosenfreunde. Ihre rosafarbene, gutgefüllte Namenrose blüht reich und bis zum Herbst.

Sh

'Friedrichsruh'

Teehybride
Türke 1907

In Meißen malte Robert Türke Rosen auf das kostbare Porzellan – in seiner Freizeit züchtete er Rosen. Samtig dunkelrot sind die stark gefüllten Blüten seiner 'Friedrichsruh', und sie duften köstlich. Die Sorte ist recht winterhart. Selbst die kontinentalen Winter Sangerhausens schaden ihr nur selten.

Sh
RZ 1908

‘Kronprinzessin Cecilie’ (rosa) ‘Friedrichsruh’

‘Otto von Bismarck’
Teehybride
Züchter: Kiese, Verbreiter: J. C. Schmidt 1908

Eine Züchtung Kieses aus seiner Obergärtnerzeit in Erfurt, die den 3.000-Goldmark-Preis der Gartenzeitung „Praktischer Ratgeber“ gewann. Sie trägt den Namen des „Eisernen Kanzlers“, ähnelt der rosa Mutterrose ‘Mme Caroline Testout’, duftet aber nicht so gut wie die Vaterrose ‘La France’.
Sh
RZ 1908

‘Otto von Bismarck’

Rosa chinensis 'Viridiflora'

Chinensis-Rose
seit 1856 durch Bambridge & Harrison, GB, verbreitet

'Rosa monstrosa' oder auch 'Grüne Rose' wird diese Kuriosität genannt. Sie soll seit 1743 in Kultur sein, aber die Chinensis-Mutation könnte auch erst 1833 in den USA entstanden sein. Eine Laune der Natur schuf den kleinen Strauch mit den grünen, laubartigen, gefransten Blüten, die für Arrangements besonders apart sind.
Sh; H

'Beauty of Rosemawr'

Chinensis-Hybride
Conard & Jones, USA 1904

Diese karminrosa Beetrose gefällt nicht nur ihrer weißgeaderten Blüten wegen, sondern auch Duft und Reichblütigkeit zeichnen sie aus. Die aparte Sorte gehört zu den wenigen Chinenses, die im 20. Jahrhundert entstanden.
Sh; H
RZ 1909

'Viridiflora' (grün) 'Beauty of Rosemawr'

‘Herzogin Maria Antoinette’

Teehybride
Jacobs 1910

Der Lehrer und Hobbyzüchter Jacobs lebte in Mecklenburg und widmete seine Schöne der Landesherrin. Jacobs hatte eine Teehybride mit einer Teerose gekreuzt und erhielt einen Sämling, der alle Vorzüge der Teerosen vereinte: elegante Knospen, lebhafter in der Farbe, die orange bis altgoldenen Blüten mit rollierten Blütenblättern. Der verschwenderische Duft und die außerordentliche Reichblütigkeit der ‘Herzogin’ wurden hoch gelobt.

Leider fiel auch sie in Sangerhausen dem harten Winter 1941 zum Opfer.
RZ 1911

'Herzogin Maria Antoinette'

'Gruß an Aachen'

Polyantha
Züchter: Hinner, Verbreiter: Geduldig 1909

Wilhelm Hinner kreuzte 'Druschki' mit seiner Teehybride 'Franz Deegen' und erzielte eine buschige Beetrose mit tiefgrünem, ledrigem Laub. Ihre festen gelblichen Knospen werden zu recht großen kamelienartigen Blüten, deren Farbe sich von Zartrosa mit gelblichem Schimmer bis zu Cremeweiß wandelt.

Die Holländer Jan Spek fand eine rosa Mutation , die er 1930 als 'Rosa Gruß an Aachen' in den Handel gab.

Der Sangerhausener Rosengärtner Max Vogel entdeckte schließlich einen weißen Sport, der als 'Weiße Gruß an Aachen' 1944 in den Handel kam.

Climbing 'Gruß an Aachen' (Kordes 1937) ist eine kletternde Mutation, sehr attraktiv, aber wenig bekannt.

Alle 'Gruß an Aachen' duften leicht und harmonieren sehr gut mit Alten Rosen; erstklassige Sorten!

Sh; H (sämtliche Sorten)
RZ 1912

'Gruß an Aachen'

'Stadtrat Glaser'
Teehybride
Kiese 1910

Herrn Glaser, Vorstandsmitglied des VDR, gefiel diese Kiese-Züchtung bei einer Rosenausstellung besonders gut, und es freute ihn, daß die als Schnitt- und Hochstammrose empfohlene Sorte seinen Namen bekam. Der aufrechte Strauch blüht gut – auch im Herbst –, aber seine blaßgelben, gefüllten Rosen sind duftlos.
Sh
RZ 1912

'Stadtrat Glaser'

'Frau Elise Kreis'
Polyantha
Wwe. Kreis 1913

Nach dem Tode ihres Mannes leitete Frau Elise Kreis die Rosenschule in Niederwalluf. Dort fand sich an einem Rosenstock der rosablühenden 'Aennchen Müller' ein Zweig mit karminroten Blüten. Der Sport erwies sich als konstant. Die reich- und dauerblühende farbkräftigere Polyantha war wirklich ein Fortschritt.

'Aennchen Müller'
Polyantha
J. C. Schmidt 1907

Von den alten, vielblumigen Polyanthasorten sind zahlreiche spontane Mutationen entstanden. Sie gleichen der Muttersorte, nur Blütenfarbe, -form oder -füllung sind anders, bei den Climbing-Sorten auch die Wuchshöhe. Sehr anschaulich zeigt unser Bild die blaß korallenfarbene „Aennchen Müller" (s. auch S. 96) und ihren karminroten Sport „Frau Elise Kreis".
RZ 1913

‘Frau Elise Kreis’ ‘Aennchen Müller’ (unten rechts)

'Dr. G. Krüger'

Teehybride
Züchter: Ulbrich, Verbreiter: Kiese 1913

Kiese ehrte mit der reichblühenden und hervorragend duftenden Teehybride den Freiburger Arzt Dr. Gustav Krüger, der in Deutschland den Grundstein für die wissenschaftliche Rosenzüchtung legte. Seine zahlreichen Artikel in der Rosenzeitung sind heute noch begehrte Texte. Von Krügers Züchtungen befinden sich einige jetzt noch in Sangerhausen und im Handelssortiment.
Sh
RZ 1914

'Dr. G. Krüger'

'Loreley'

Polyantha
Kiese 1913

'Loreley' lädt dazu ein, in Verbindung mit Alten Rosen angepflanzt zu werden. Sangerhausen hat uns diese reich- und dauerblühende niedrige Polyantha erhalten.

Kiese mag bei der Namensgebung wohl an die Anfangszeile – „Ich weiß nicht, was soll es bedeuten" – von Heinrich Heines berühmtem Gedicht „Die Loreley" gedacht haben, denn die schöne zentifolienrosa Polyantha ist ein Zufallssämling der Kletterrose 'Tausendschön', der Vater unbekannt.

Sh
RZ 1914

'Loreley'

‘Melle Fischer’

Polyantha
Pfitzer 1914

In der Stuttgarter Baumschule Pfitzer entstand als Zufallssämling die zartrosa ‘Melle’, die einer schwäbischen Amalie gewidmet ist. Ihr Blütenreichtum fällt selbst im großen Sangerhausener Polyanthasortiment auf.
Sh

‘Johanna Pfitzer’

Polyantha
Kiese 1914

Von der cremeweißen, duftenden ‘Johanna Pfitzer’ blieben leider nur ihr Konterfei und die Beschreibung in Jägers „Rosenlexikon“.

Schon 1861 hatte der Franzose Verdier dem Gründer des Stuttgarter Gartenbaubetriebes Pfitzer eine Rose gewidmet. Während des Zweiten Weltkrieges hütete ein Pfitzer-Enkel eine noch namenlose Meilland-Züchtung, die er 1945 ‘Gloria Dei’ taufte. Der französische Züchter nannte sie ‘Mme A. Meilland’; von den USA aus wurde sie als ‘Peace’ weltberühmt.
RZ 1915

'Melle Fischer' (rosa) 'Johanna Pfitzer'

‘Freudenfeuer’
Polyantha
Kiese 1917

‘Freudenfeuer’, ein Sport der besonders mutationsfreudigen Polyantha ‘Orléans Rose’ (1909), war dank ihrer leuchtenderen und einheitlichen Farbe eine begehrte Neuheit, doch es gibt sie leider nicht mehr.

‘Siegesperle’
Polyantha
Kiese 1915

Die niedrige Polyantha mit den cremeweißen, rosa getuschten, ranunkelförmigen Blüten, die den ganzen Sommer reich blüht, ist ein Sämling der rosafarbenen, einmalblühenden Kletterrose ‘Tausendschön’.
Sh
RZ 1916

'Freudenfeuer' (rot) 'Siegesperle'

'Georg Arends'

Remontant-Hybride
Hinner 1910

Wilhelm Hinner war ein tüchtiger Rosenzüchter, aber ein unsteter Geselle. Erst war er Obergärtner bei Lambert in Trier, dann arbeitete er mit Welter zusammen, aber auch mit Geduldig, später selbständig in der Nähe von Düsseldorf. Seine 'Georg Arends' fehlt in kaum einem Buch über Alte Rosen und ist in Sangerhausen und den Spezialkatalogen zu finden. Die enorm großen, reinrosafarbenen Rosen des fast kletternden Strauches duften so intensiv wie Zentifolien und erscheinen auch im Spätsommer.

Georg Arends, der berühmte Wuppertaler Staudengärtner, war Gründungsmitglied des VDR.

J. H. Nicolas schrieb, 'Georg Arends' sei die alte 'Fortuné Besson' von 1881, gezüchtet von Besson in Marseille. Nach Hinner ist die Sorte eine Kreuzung ('Frau Karl Druschki' × 'La France'). Wer weiß?!

Sh; H
RZ 1916

'Georg Arends'

'Enver Pascha'

Teehybride
Kiese 1916

Mit ihren großen, stark gefüllten Rosen von zartestem Rosa und der rundlichen Blütenform wirkt die vielblühende Sorte feminin, aber Enver Pascha war ein Mann der Kämpfe und Kriege. Als Jungtürke trug er zum Sturz des Osmanenreiches bei. Er galt als der große Freund Deutschlands im Ersten Weltkrieg. Die Benennung einer Rose nach ihm ist wohl nur aus den Zeitumständen heraus zu begreifen.
Sh

'Dernburg'

Teehybride
Dr. Krüger 1915

Ein reichblühender 'Testout'-Sämling, der zwar im Katastrophenwinter 1996/97 bis auf den Erdboden erfror, sich aber Ende Juni in Sangerhausen schon wieder mit silberrosa, leicht gelb schattierten, gut gefüllten großen Rosen zeigte.

Dr. Krüger plädierte in der „Rosen-Zeitung“ nicht nur für kurze, prägnante Rosennamen, sondern nannte die dem Demokraten Bernhard Dernburg (1865–1931) gewidmete Züchtung einfach 'Dernburg' – ganz im Gegensatz zu Levet, der 1881 eine Teerose 'Fiançailles de la Princesse Stéphanie et de l'Árchiduc Rodolphe' getauft hatte.
Sh
RZ 1916

'Enver Pascha' (unten, weißrosa) 'Dernburg'

‘Arabella’
Teehybride
Züchter: Schilling, Verbreiter: Tantau 1917

Nach Peter Lamberts Katalog 1930/31 hatte E. Schilling die Mutation der ‘Mme Caroline Testout’ gefunden, die sich durch die karminrosa Farbe und stärkeren Duft von der Stammsorte unterscheidet.
Sh
RZ 1917

'Arabella'

‘Germania’
Foetida-Hybride
Dr. Müller 1917

Alle frühen Rosen, die von *Rosa foetida* (vorher *Rosa lutea*) ‘Persiana’ abstammen, nannte man damals Lutea-Hybriden. Zu den ersten Sorten dieser Zuchtrichtung gehörte ‘Nelkenrose I’, wie der Liebhaberzüchter sie bescheiden nannte. Nach seinem Tod kam die nelkenblütige, vielfarbige Sorte, die nach Wildrosen duftete, als ‘Germania’ in den Handel.

Während des Zweiten Weltkrieges ging die Sorte verloren, doch Johanna Beckmanns farbenprächtiges Bild spricht für sich.
RZ 1917

‘Germania’

'Austria'

Foetida-Hybride
Dr. Müller 1917

'Nelkenrose II' nannte sie der Hobbyzüchter; Jägers „Rosenlexikon" weist sie als 'Rosa lutea hybrida dianthiflora' aus. Erst nach dem Tode Dr. Müllers kam seine *Rosa-foetida*-'Persiana'-Kreuzung in den Handel. An ihren schlanken Zweigen erschien schon Ende Mai der reiche Flor der auffallenden nelkenförmigen, aber duftlosen Blüten. Die Wildrose *Rosa foetida* wird auch 'Austrian Yellow' genannt, daher die Namensgebung.

Auch die kanariengelbe 'Austria' überlebte den Zweiten Weltkrieg nicht.
RZ 1917

'Austria'

‘Abendröte’
Teehybride
Züchter: Ebeling, Verbreiter: Teschendorff 1918

Das grandiose Rosenbild der Malerin Johanna Beckmann ist uns geblieben, doch ‘Abendröte’ hatte die guten Eigenschaften ihrer Eltern nicht geerbt. Sie hatte weder die Riesenblüten der ‘Frau Karl Druschki’ noch die ersehnten leuchtenden Foetida-Farben der ‘Juliet’. Sie war nur eine blaß lachsfarbene Teehybride, die bald verschwand.
RZ 1918

'Abendröte'

'Viktor Teschendorff'

Teehybride

Züchter: Ebeling, Vertrieb: Teschendorff 1920

Der Bernburger Hobbyzüchter Paul Ebeling kreuzte 'Frau Karl Druschki' mit 'Mrs Aaron Ward', und der Sämling glich fast völlig der Mutterrose: ein kräftiger Strauch mit starken Zweigen und riesigen, gefüllten, reinweißen Blüten – leider ohne Duft – bis zum Herbst.

Die 1904 in Cossebaude bei Dresden gegründete Baumschule Victor Teschendorff brachte die Sorte in den Handel. Leider erfror sie im Winter 1941 in Sangerhausen. Die weiße Polyantha 'Eva Teschendorff' und die reichblühende Climbing 'Eva Teschendorff' erfreuen noch heute die Besucher des Rosariums.

Erst der Enkel des Firmengründers, Dr. Eckart Haenchen, begann ab 1963 Rosen zu züchten; 1969 gab die Firma Teschendorff die schöne dunkelrote Kletterrose 'Schwarzer Samt' in den Handel. Nach der Verstaatlichung 1972 wurde der Betrieb in das Volkseigene Gut (VEG) Baumschulen Dresden eingegliedert, dessen Zuchtleiter Dr. Haenchen später wurde. 60 Rosensorten des Gutes kamen auf den Markt; viele davon sind im Schaugarten von Sangerhausen angepflanzt. Im Rosenverzeichnis ist als Züchter das Gut angeführt. Seit der Wiedervereinigung Deutschlands gibt es die Firma Teschendorff wieder, aber Rosen werden nur noch verkauft, nicht mehr gezüchtet – leider.

RZ 1918

'Viktor Teschendorff'

‘Apotheker Franz Hahne’

Strauchrose
Züchter: Dr. Müller, Verbreiter: Kiese 1920

Große, gut gefüllte Blüten von lachsrosa Farbe, die auch noch köstlich duften, schmücken den 1,5 m hohen Strauch. Apotheker Hahne war ein großzügiger Mäzen des Rosariums Sangerhausen. Er stiftete 1913 auch die Büste der Kaiserin Auguste Viktoria, der Protektorin des VDR. Kiese ehrte mit dieser reichblühenden Sorte den Thüringer Rosenfreund.
Sh

‘Gruß an Weimar’

Remontant-Hybride
Kiese 1919

Der ‘Druschki’-Sämling beeindruckte mit seinen sehr großen, rundlichen, sich schalenförmig entfaltenden rosa Blüten.

Schon im Weimar der Goethezeit liebte man die Rosen. Goethes Gartenhaus war von ihnen umrankt, und im Garten am Frauenplan pflegte sie Christiane. Der Verleger F. J. Bertuch ließ um 1800 seine Rosensammlung für das „Bilderbuch für Kinder“ malen, in dem insgesamt 30 Sorten enthalten sind. Der großherzogliche botanische Garten Belvedere hatte ein reiches Rosensortiment, und der Gärtner Reichart bot die neuen chinesischen Sorten im Intelligenz-Blatt des „Allgemeinen Teutschen Garten-Magazins“ an.
RZ 1919

‘Apotheker Franz Hahne’ (oben, lachsfarben) ‘Gruß an Weimar’

'Frau Hedwig Wagner'

Teehybride
Züchter: Dr. Krüger, Verbreiter: Kiese 1919

Nach dem Zweiten Weltkrieg ging diese schöne zentifolienrosa Teehybride, die auch gut duftete, in Sangerhausen verloren. Ihr Bild erfreut uns heute noch. Zum Glück blieben andere Krüger-Züchtungen im Rosarium erhalten, die von Liebhabern Alter Rosen ebenso geschätzt werden wie Gustav Krügers „Stammbuch der Edelrosen", Trier 1906.

'Frau Dr. G. Krüger'

Teehybride
Züchter: Dr. Krüger, Verbreiter: Kiese 1919

Frau Hedwig Krüger hatte 1902 Walter Easleas Schrift „The Hybridisation of Roses" (1896) für die „Rosen-Zeitung" übersetzt und war die Assistentin ihres vielseitigen Mannes im eigenen Rosarium. Von ihrem Patenkind blieben als Erinnerung nur das Rosenbild und der Eintrag in Jägers „Rosenlexikon", der auf die guten Eigenschaften der Sorte verweist, zu denen aufrechter Wuchs, große, gut gefüllte und einzelnstehende Blüten gehörten.
RZ 1919

'Frau Hedwig Wagner' (oben, reinrosa) 'Frau Dr. G. Krüger'

‘Frau Ida Münch’

Teehybride
Züchter: Beschnidt, Verbreiter: Münch & Haufe 1919

Diese sächsische Rose hat von ihrer Mutter, der ‘Frau Karl Druschki’, die großen Blüten, die Wuchshöhe (bis 1,5 m) und die Winterhärte geerbt, vom Vater den Teerosenduft und die hellgelbe Farbe. An dieser sehr seltenen Kombination kann man sich heute noch erfreuen.

Ein Nachkommenverzeichnis der ‘Frau Karl Druschki’ brachte der VDR 1929 als Sonderdruck heraus.

Sh
RZ 1919

‘Frau Ida Münch’

'Königin Victoria von Schweden'

Teehybride
Ries 1918

Friedrich Ries war Gartendirektor in Karlsruhe und lange Zeit Präsident des VDR, zeitweise zugleich Redakteur der „Rosen-Zeitung“ und Geschäftsführer; nebenbei züchtete er auch Rosen.

Königin Victoria von Schweden war eine badische Prinzessin, daher die Verehrung. Die hellgelbe, zartrosa getuschte Teehybride duftet, blüht gut nach und hat wenig Stacheln.

Sh
RZ 1919

'Königin Victoria von Schweden'

'Johanna Ries'
Polyantha
Kreis 1917

Die frischrosa Rose, die der Frau des damaligen Präsidenten des VDR gewidmet ist, blühte von Juni bis zum Herbst. Sie war eine Mutation der karmesinroten 'Jessie' (1909), die wiederum ein Sport der lebhaft roten 'Phyllis' (1908) ist. 'Johanna Ries' ist ein klassisches Beispiel für die Mutationsfreudigkeit der alten Polyantha; leider gibt es die Sorte nicht mehr.
RZ 1920

'Johanna Ries'

'Robert Betten'
Teehybride
J. C. Schmidt 1920

Im Rosarium Sangerhausen erinnert die dunkelrote, herrlich duftende Teehybride an den Gartenbauschriftsteller Robert Betten. 1897 erschien sein Werk „Die Rose, ihre Anzucht und Pflege" mit vielen praktischen Ratschlägen und 138 reizenden Zeichnungen von Minna Laudien. Die 4. und die 5. Auflage des Buches (1919 und 1922), von Robert Türke bearbeitet, enthalten das damals moderne Sortiment und Fotos.
Sh
RZ 1920

'Robert Betten'

‘Rübezahl’
Teehybride
Dr.Krüger 1917

Rübezahl, dem Berggeist des Riesengebirges, widmete der Freiburger Arzt den Sämling einer dunkelroten Züchtung von Geschwind. ‘Rübezahl’ hat schöne, große, duftende Rosen, deren dunkelkarminrote, samtige Blütenblätter sich wie eine Kamelie entfalten. Der hochwachsende Strauch hat stachelige Zweige.
Sh; H
RZ 1920

'Rübezahl'

'Flammenrose'

Teehybride
Züchter: Türke, Verbreiter: Kiese 1921

Robert Türke war nicht nur Porzellanmaler und Liebhaberzüchter, er schrieb auch selbst ein Rosenbüchlein, das sieben Auflagen erlebte. Die leicht duftende 'Flammenrose' hat von der Foetida-Hybride 'Mme Edouard Herriot' die leuchtende Farbe geerbt, die damals so begehrt war.
Sh

'Vater Rhein'

Teehybride
Kiese 1922

'Vater Rhein' ist eine gut duftende, dunkelrote Teehybride, die reich und bis in den Herbst hinein blüht.

Hermann Kiese war zunächst Obergärtner bei J. C. Schmidt in Erfurt. Er erzielte dort seine ersten Rosenzüchtungen, bevor er in Vieselbach bei Erfurt seine eigene Rosenschule gründete.
Sh; H
RZ 1921

'Flammenrose' (gelborange) 'Vater Rhein'

'Mathilde Ries'; 'Gertrud Kiese'
Chinensis-Hybriden
Kiese 1918

Hermann Kiese kreuzte 'Gruß an Teplitz' mit der dunkelroten Chinensis-Rose 'Cramoisi supérieur' (1832); davon brachte er zwei Sämlinge in den Handel. Nur noch das hübsche Bild erinnert an die leuchtend scharlachrote 'Mathilde Ries' und die dunklere, samtige 'Gertrud Kiese'.
RZ 1918

'Mathilde Ries' 'Gertrud Kiese' (unten, dunkler)

‘Stadtrat Meyn’

Polyantha
M. Tantau 1919

Der Sämling der ‘Orléans Rose’ ist eine niedrige, reich- und dauerblühende Polyantha. Die hellroten, stark gefüllten Röschen stehen in großen Sträußen zusammen; gut für Teppichbeete geeignet. Stadtrat Meyn förderte den Rosenanbau in Holstein, dem heute größten Rosenanbaugebiet Deutschlands.
Sh

‘Schöne von Holstein’

Polyantha
M. Tantau 1919

Der niedrig- und dichtwachsende Zufallssämling der ‘Orléans Rose’ hat das schöne, reine Rosa der alten Chinensis-Rose ‘Hermosa’ und blüht in großen Büscheln den ganzen Sommer. Mit ihren gefüllten Blüten fügt sich die Sorte gut in eine Pflanzung Alter Rosen ein.
Sh
RZ 1921

Die beiden Sorten auf dieser Tafel gehören zu den bescheidenen Anfängen der Rosenzüchtung von Vater Mathias Tantau. Sangerhausen bewahrt noch viele der frühen Züchtungen, so ‘Johanna Tantau’ (1928), eine schöne weiße Polyantha, und die rosa Kletterrose ‘Johanna Röpke’ (1931), die einmal im Jahr überwältigend blüht.

Sohn Mathias ist mit der orangeroten Teehybride ‘Super Star’ – in den USA ‘Tropicana’ genannt – weltberühmt geworden. Auch im Rosarium Uetersen (Holstein), das Vater M. Tantau und Wilhelm Kordes initiierten und stets förderten, sind neben den älteren auch die allerneuesten Züchtungen der beiden bedeutendsten deutschen Rosenfirmen – der von Tantau und von Kordes – zu finden.

‘Stadtrat Meyn’ (oben) ‘Schöne von Holstein’

Verzeichnis der abgebildeten Sorten

Auswahlbibliographie

Wichtige Nachschlagewerke:

Cairns, Th. (Ed.): Modern Roses 10 (The International Checklist of Roses). American Rose Society, Shreveport, Louisiana/USA 1993.

Deutsches Rosarium u. Stadt Dortmund (Hrsg.): Deutsches Rosarium Dortmund. Mit Rosenliste (S. 82–166). Dortmund 1991 und 1993.

Dobson, B., Schneider, P.: Combined Rose List 1993 (Hard-to-Find Roses and Where to Find Them). P. Schneider, Post Office Box 16035, Rocky River, Ohio 44116/USA

Jäger, A.: Rosenlexikon. Leipzig 1960.

Rosarium Sangerhausen: Rosenverzeichnis. 4. Aufl., Sangerhausen 1988.

Stock, K. L.: Rose Books. A Bibliography of books and important articles in journals on the genus Rosa, in English, French, German, and Latin 1550–1975. Milton Keynes, Selbstverlag 1984.

The Royal National Rose Society: Index to the Rose Annual 1907–1975. St. Albans 1977.

Periodische Veröffentlichungen:

Cochet, P., Bernardin, C. (Ed.): Journal des Roses. Melun 1877–1914.

Gesellschaft Schweizerischer Rosenfreunde:
Das Rosenblatt. 1959–1983.
Rosen in der Schweiz. 1985.
Rosa Helvetica. Ab 1986 (zweijährlich).
Das kleine Rosenblatt. Ab 1959.

Kaufmann, E., später Mühle, W. (Hrsg.): Ungarische Rosenzeitung. Deutsche Ausgabe der Roszá-Ujság. 1889–1894.

Schneider II, F.: Rosenjahrbuch. Berlin 1883. Reprint mit Schneiders „Rangliste der edelsten Rosen“, Hamburg 1983.

Société Française des Roses:
Les Roses. Lyon 1896–1910.
Les Amis des Roses. Lyon, ab 1911

The Royal National Rose Society:
The Rose Annual. 1907–1984 (jährlich).
The Rose Bulletin. Ab 1984 (vierteljährlich).

Verein Deutscher Rosenfreunde:
Rosen-Zeitung. 1886–1933.
Rosenjahrbuch. 1934–1940; 1959–1973;1991 ff.
Der Rosenbogen. Ab 1964 (vierteljährlich).

Auswahl wichtiger Rosenbücher (Schwerpunkt ältere Rosen):

de l'Aigle, A.: Begegnung mit Rosen. Stuttgart 1958. Reprint Moos 1978.

Austin, D.: Alte Rosen und Englische Rosen. Köln 1993.

Beales, P.: Klassische Rosen. Köln 1992.

Bean, W. J.: Trees and Shrubs hardy in the British Isles. Vol. IV., S. 37–205, 8. Aufl., London 1980.

Betten, R.: Die Rose, ihre Anzucht und Pflege. Frankfurt/Oder 1897. 4. u. 5. Aufl. (1919/22) bearb. v. R. Türke.

Bünemann, O.: Die schönsten Rosen für große und kleine Gärten. München 1993.

Dickerson, B. C.: The Old Rose Adviser. Portland, Oregon/USA 1992

Geschwind, R.: Die Hybridation und Sämlingszucht der Rosen, ihre Botanik, Classification und Cultur. Leipzig 1885. Reprint Hildesheim 1997.

Heimatverein Dreieichenhain (Hrsg.): Burg Hayn in der Dreieich. Der Burggarten. Dreieich 1995.

Hoffmann, J.: Rosenbuch für Gartenliebhaber. Berlin 1905.

Jacob, A., Grimm, H. u. W., Müller, B.: Alte Rosen und Wildrosen. Stuttgart 1990 und 1992.

Jäger, H.: Katechismus der Rosenzucht. Leipzig 1882.

Jekyll, G.: Roses for English Gardens. London 1902. Reprint Woodbridge 1993.

Krüger, G.: Die Entwicklung von Blüte und Frucht der Gattung Rosa. Trier 1906.

Krüger, G.: Stammbuch der Edelrosen. Trier 1906.

Krüssmann, G.: Rosen, Rosen, Rosen. Berlin und Hamburg 1974.

Lebl, M.: Lebl's Rosenbuch. Berlin 1895. Reprint Hildesheim 1998.

Lejeune, S. (Hrsg.): Rosen-Almanach. Lübeck 1978.

Lejeune, S.: Rosenbücher – mein Steckenpferd. Lübeck 1978.

Lejeune, S.: Der Rose Pilgerfahrt. Hamburg 1983.

Mütze, W., Schneider, C.: Das Rosenbuch. Berlin 1924.

Mütze, W., Schneider, C.: Die Rose in Garten und Park. Berlin 1936.

Nietner, Th.: Die Rose. Berlin 1880.

Olbrich, S.: Der Rose Zucht und Pflege. 3. Aufl., Stuttgart 1925.

Otto, A.: Otto's Rosenzucht im freien Lande. Erlangen 1858. 2. Aufl. neu bearb. v. C. P. Strassheim, Berlin 1890.

Phillips, R., Rix, M.: Rosen. Mehr als 1.400 in Farbfotos. München 1988.

Phillips, R., Rix, M.: The Quest for the Rose. New York 1994.

Rathgeb, H.: Rosen in der Schweiz. Rapperswil 1985.

Rosenkreis Kassel d. VDR u. Verein Roseninsel (Hrsg.): Die Rosensammlung zu Wilhelmshöhe. 4. neubearb. Aufl., Kassel 1996.

Schultheis, Gebr.: Deutsches Rosenbuch. Steinfurth 1889. Reprint Lübeck 1979.

Simon, L., Cochet, P.: Nomenclature de tous les noms de Roses connues. Metz 1899, Paris 1906.

Société Nationale d'Horticulture de France: Les plus belles Roses au début du XXe siécle. Paris 1912.

Testu, C.: Les Roses Anciennes. Paris 1984.

Thomas, G. S.: The Graham Stuart Thomas Rose Book. London 1994.

Wesselhöft, J.: Der Rosenfreund. Weimar 1866. Reprint d. 3. Aufl. Moos 1976.

Wright, W. P.: Roses and Rose Gardens. London 1911.

Zander, R., Teschner, C.: Der Rosengarten, eine geschichtliche Studie durch zwei Jahrtausende. Frankfurt/Oder 1933. Reprint Lübeck 1978.

Rosarien und Rosengärten

mit historischen Rosen, Wildrosen und älteren Sorten (Auswahl)

DEUTSCHLAND:

Europa-Rosarium Sangerhausen
Steinberger Weg 3
06526 Sangerhausen
Vgl. die Einführung in diesem Band

Deutsches Rosarium des VDR im Westfalenpark der Stadt Dortmund
Sehr großzügige Anlage mit anschaulichen Beispielen für Pflanzungen

Strauchrosenpflanzung im Park Wilhelmshöhe Kassel
In den Schloßpark integrierte „gepflanzte Geschichte der Strauchrosen" (ca. 1.000 Arten und Sorten)

Rosarium der Stadt Uetersen/Holstein
25436 Uetersen
Neue und ältere Gartenrosen, besonders der holsteinischen Züchter

Rosengarten Zweibrücken
66482 Zweibrücken
Viele seltene Rosensorten in Vergesellschaftung mit Stauden; Wildrosengarten „Fasanerie"

Schloßpark der Insel Mainau/Bodensee
Wildrosenstraße und Rosengarten im italienischen Stil

Rosenstadt Baden-Baden
Strauch-, Kletter- und Bodendeckerrosen in den öffentlichen Grünanlagen; Neuheitenprüfgarten auf dem Beutig mit älteren und neuen Kletter- und Strauchrosen

Rosenstadt Eltville am Rhein
65343 Eltville
Üppig blühende Kletterrosen an der Burg

Botanischer Garten Berlin-Dahlem
Königin-Luise-Str. 6–8
14195 Berlin
Ausgezeichnete Wildrosensammlung

Burg Hayn in der Dreieich
63303 Dreieich
Rosen- und Kräutergarten, gestaltet nach Vorbildern aus dem Mittelalter

Rosendorf und Rosenmuseum Steinfurth-Bad Nauheim
Alte Schulstr. 1
61231 Bad Nauheim
Trotz Eingemeindung ist Steinfurth ein malerisches Dorf mit üppigem Rosenschmuck geblieben.

Park Rosenhöhe Darmstadt
Hervorragend restaurierter, romantischer Jugendstilrosengarten, einmalig in Deutschland

Der VDR gibt 1999 ein Verzeichnis aller deutschen Rosengärten, -städte und -dörfer heraus. Zu beziehen über:
Geschäftsstelle des VDR
Waldseestraße 14
76530 Baden-Baden

Ausland:

BELGIEN:

Arboretum de Belder
Kalmthout b. Antwerpen
Große Wild- und Strauchrosensammlung

FRANKREICH:

Parc Saint-Nicolas
43 Rue Marinet
F-71100 Chalon-sur-Saône
Sammlung von Strauchrosen im Saône-Tal

Roseraie de L'Haÿ-les-Roses
Rue Albert-Watel
F-94240 L'Haÿ-les-Roses
Nur 5 km südlich von Paris befindliche große Sammlung, angelegt im Stil der Jahrhundertwende von J. Gravereaux

Roseraie du Parc de Bagatelle
Bois de Boulogne, Paris
Großzügiger, in geometrischen Formen angelegter Rosengarten im Schloßpark von Bagatelle mit vielen Kletterrosen

Roseraie de Saverne
F-67701 Saverne
Elsässischer Rosengarten aus der Zeit der Jahrhundertwende; klein, aber fein

GROSSBRITANNIEN:

Rosengarten der Royal National Rose Society
Chiswell Green Lane
St. Albans
Hertfordshire AL2 3NR
Wildrosen, ältere Rosen und Neuheiten, speziell englische Züchtungen

The National Trust Mottisfont Abbey Rose Garden
Mottisfont near Romsey/Hampshire
Von G. S. Thomas inspirierter ummauerter Garten mit Alten Rosen

ITALIEN:

Rosario Carla Fineschi Cavriglia
San Giovanni Valdarno/Toskana
Größte europäische Privatsammlung, systematische Anpflanzung Alter und moderner Rosen

SCHWEIZ:

Schaugarten der Fa. Richard Huber
CH-5605 Dottikon/Rothenbühl
Spezialität: Alte Rosen

Schloß Heidegg
Gelfingen, Kanton Luzern
Barockgarten mit Alten und seltenen Rosen

Rosenstadt Rapperswil am Zürichsee
Rosen überall und ein spezieller Blindenrosengarten ausschließlich mit duftenden Rosen

Bern
Der alte Friedhof, umgewandelt in einen Rosengarten

Regensberg/Kanton Zürich
In der mittelalterlichen Stadt Rosenhang, angelegt von Lotte und Willi Günthart; Rosenmuseum Haus „Rote Rose" mit Bilderausstellung der Malerin Lotte Günthart

„Vallée de la Jeunesse" Lausanne
Imposante, großzügige Rosenpflanzung

Parca „Tassino"
Lugano/Tessin
Schöne Strauchrosenpflanzung auf einer Anhöhe über der Stadt

Kartause Ittingen/Kanton Thurgau
Innerhalb der ehemaligen Klosteranlage viele Alte Rosen und Kletterrosen und ein Barockgarten